L'Amie

Michèle Manceaux

L'Amie

Albin Michel

22, rue Huyghens, 75014 Paris
ISBN 2-226-09260-9

À ma petite-fille,
Elsa-Louise, Angela, Marguerite Manceaux.

« Morte, je peux encore écrire. »
Marguerite Duras

Marguerite Duras est morte le 3 mars 1996. Elle aurait eu quatre-vingt-deux ans en avril.

Aujourd'hui, 3 mai 1996, l'arbre de Judée est en fleur devant sa maison. Sa floraison mauve assombrit les fenêtres du salon. J'aperçois la minuscule cuisine carrelée en noir et blanc comme un hall, à travers le feuillage de l'éternel géranium-rosa qu'elle appelle « menthe anglaise ». Je l'entends m'expliquer que la menthe anglaise ne meurt pas même si on l'arrose très peu. « On en fait des boutures qui repartent à l'infini, tu en veux ? » Elle met la menthe anglaise près des vitres en guise de légers rideaux. Si on s'approche, on distingue quand même l'intérieur des pièces. Il y a un croissant rassis oublié sur la table de bois.

En ce moment à Neauphle-le-Château, tout est mauve : les lilas, les iris en bordure des chemins, les glycines qui grimpent vers le ciel et peut-être aussi ce récit qui débute dans la couleur du deuil, mi-bleu nuit, mi-rose, violet pâle.

Je voudrais écrire en demi-teinte comme on se promène en douceur dans un sous-bois, entre deux lumières. Entre l'ombre rafraîchissante et le soleil munificent. Entre elle et moi. En amitié comme en forêt, l'une n'est rien sans l'autre.

A l'annonce de sa mort, à l'instant même, encore au téléphone, j'ai senti que j'allais retrouver mon amie. Je l'ai cherchée dans le village paisible. J'en avais fait le tour mille fois. Parce qu'elle avait été très malade, j'avais déjà longuement arpenté les rues désertes en imaginant sa disparition. Cette fois, j'éprouvais un écœurement qui m'empêchait d'avancer vers l'étang. La mort adoucit presque trop les contentieux et les violences. Sans Marguerite, le calme précieux du village ne présentait plus qu'une ennuyeuse fadeur.

Comme après la mort de Françoise, comme après la mort d'Irène, dans ce même village, j'ai eu envie de vendre au plus vite ma propre maison, de quitter moi aussi la rue du Docteur-Grellière et la rue de la Gouttière. J'ai voulu fuir les souvenirs. Puis, je suis revenue. Toujours, je recommence. C'est plus fort que moi, je fais revivre le passé, je résiste à ce qui s'éteint, je maintiens, je veille. Ce rôle de gardienne, à moi qui viens de l'exil, nomade et sans racines, comment m'est-il échu ?

Ancestrale habitude de reconstruire après les bombardements, les pogroms ? Peur de l'exode ? Identités à conserver, à défendre ? On écrit aussi pour ces raisons-là.

Elle disait : « Toi et moi, on peut pas se brouiller, on est dans une nécessité géographique. » Elle avait cette façon de parler. A la fois populaire et sophistiquée, négligeant la grammaire, utilisant le « on » plutôt que le nous, et dans la proposition suivante, inventant une abstraction si personnelle que le mélange des deux surprenait et faisait rire comme toute incongruité.

Du bébé affamé qui réclamait son biberon en pleurant, elle disait : « Ce môme, il connaît pas l'atermoiement. » On riait de ce nouveau-né qu'elle privait soudain comme un adulte de l'art subtil de la négociation, mais quand on avait entendu cette remarque, l'enfant devenait à tout jamais celui qui ne connaît pas l'atermoiement. Ses formules qui ressemblaient à des arrêts parsemaient la conversation et, pour peu qu'on écoutât simplement son langage, on riait souvent. Sa perspicacité aussi étonnait et faisait voir ce que l'on aurait pu voir tout seul, mais que l'on n'avait justement pas vu. Parfois, elle exprimait une pensée à laquelle on n'était pas parvenu, mais qui prolongeait la réflexion que dans notre paresse, ou notre convention, nous n'avions pas poussée assez loin, vers cette profondeur où elle allait, elle, d'un élan naturel et intrépide.

En dépit de cette « nécessité géographique », nous nous sommes brouillées, ou plutôt elle s'est brouillée avec moi. En 1984, l'année de son prix Goncourt.

Comme la présence de Marguerite Duras a imprégné mon existence, comme rien n'indiffère de ce qui concerne un grand écrivain et comme l'histoire de cette brouille me semble aussi complexe et littéraire que notre longue amitié, je vais essayer de remonter la sente du Vieux-Moulin, ce chemin au flanc de la colline, qu'elle disait creusé exprès entre nos deux maisons, la sienne en haut du village de Neauphle-le-Château et la mienne en bas de ce même village qui surplombe la plaine.

Juché à la manière orgueilleuse des hameaux méditerranéens, enroulé autour de ce promontoire unique dans le département des Yvelines, Neauphle-le-Château, ne serait-ce que par sa qualité d'unique, a de quoi séduire Marguerite quand elle y achète sa maison en 1958 avec l'argent de ses droits sur le film américain tiré de *Barrage contre le Pacifique.*

Maison adorée, revanche contre la montée des eaux qui a ruiné sa mère, l'ancienne ferme devient, aussitôt acquise, le lieu de sa ferveur.

Un instinct très sûr guide Marguerite vers la beauté et le talent. Neauphle a la grâce et la garde miraculeusement même si de vilains pavillons ont remplacé les potagers et les vergers. Sa place, entourée de vieilles maisons basses n'est pas éventrée comme tant d'autres villages par une autoroute massacrante.

Le vendredi, jour de marché, on renifle encore l'odeur du pain chaud et des salades fraîches. Immuable, le carillon sonne les heures depuis son curieux clocher carré qui, le reste du temps, protège le silence.

Avant de me lancer dans ce récit, comme si je voulais en dénombrer les écueils, j'ai relu tous ses livres. Puis, j'ai soupesé la force de ma sincérité. Enfin, plus sûrement, j'ai calculé au compteur la distance entre la Seine au pont Mirabeau et l'étang derrière sa maison. Exactement trente-cinq kilomètres.

Pourtant dès que l'on quitte l'autoroute, comme autrefois la route nationale, on est tout de suite dépaysé. On traverse une forêt sans habitation aucune. (Sa manière de mettre l'adjectif « aucun, aucune » après le nom lui a été tellement empruntée que je l'écris ici comme un clin d'œil.) La petite route à travers la forêt mène directement à l'orée du village où sa maison s'étale en largeur devant le château d'eau, le monument aux morts et l'école primaire.

Maison de douanière qui lui va bien. Marguerite, en sentinelle, surveille les enfants et les morts. Elle ne voit que ce qu'elle veut voir, mais elle le voit à la loupe, longtemps et au-delà.

Elle en fait la conversation du soir : deux petits Portugais qui se partagent une banane à la sortie de l'école deviennent le prolétariat du tiers-monde affamé. Et, des années plus tard, ils se retrouvent dans un conte pour enfants, dans un film, dans un livre, dans une pièce de théâtre, ils s'appellent : *Ernesto, Les Enfants, Pluie d'été...*

Pour aller en voiture de sa maison à la mienne, il faut dépasser l'école, contourner la place, descendre en colimaçon. A pied, on peut prendre cette fameuse sente du Vieux-Moulin. Alors, c'est tout droit en trois minutes.

Elle me dit : « Toi qui habites dans le trou... »

Je souris d'autant plus que sa maison donne sur la route et que, curieusement, c'est de mon grenier que la vue s'étend sur la plaine. Cependant cette étrange configuration des lieux symbolise assez bien nos positions amicales. Elle, incontestablement en haut, et moi, en bas. Mais j'aime la regarder et elle aime que je la regarde. Je ne suis ni humiliée ni blessée. Le recul me permet, en général, de ne presque pas sentir les coups et d'applaudir aux comédies. En l'occurrence, c'est un opéra. Exceptionnel, surprenant, magnifique, éclairant. Pendant une trentaine d'années, Marguerite ne cesse de m'éblouir. Elle m'apprend le principal, elle m'apprend justement à regarder.

Elle m'apprend aussi à perdre mon temps. « Le temps perdu est le temps de l'écriture. » On m'a enseigné dès l'enfance un principe contraire : l'oisiveté nocive, stérile. Or, je l'observe pendant des heures, tassée dans son fauteuil d'osier, seule au milieu de la pièce, laissant venir l'obscurité ou bien déjà dans le noir. Sa concentration m'impressionne. En la regardant vivre, j'apprends ce qu'est un écrivain. Elle sait que rien ne m'intéresse autant.

A Neauphle-le-Château, il n'y a aucun château, hormis le château d'eau dont l'imposante laideur se dresse face à la fenêtre de sa chambre. Comme rien de disgracieux ne doit troubler la vision idyllique qu'elle a de sa maison, le château d'eau est interdit, il n'existe pas. Personne ne risquerait même une plaisanterie à son propos. Pourtant, tant d'eau en face de quelqu'un qui boit tant d'alcool... De son goût pour l'alcool, elle tire une fierté, on pourrait en rire, mais aucune allusion au château d'eau ne serait tolérée. Les proches amis devinent les mots qu'il faut taire, les défis qu'il ne faut pas relever. Je me prête au jeu, tout m'amuse avec elle. Comme à la roulette, on perd, on gagne, on ne reste jamais neutre. Un jour, je me tromperai et je serai punie. Mais n'anticipons pas.

Elle s'exclame souvent : « Tu racontes bien. » Je sais qu'elle pense que raconter n'est pas écrire. Elle précise dans *La Vie matérielle* : « Écrire, ce n'est pas raconter une histoire, c'est raconter tout à la fois. » Ça tombe bien, Marguerite me revient toute à la fois.

Ses bouquets de fleurs fanées, ses épis de blé qu'elle ramasse dans les champs, ses assiettes dépareillées, ses coussins délavés. Petit à petit, je l'imite, je garde aussi les roses au-delà de leur fraîcheur. Entre nos deux maisons, circulent des objets et des habitudes. Elle copie la longue fenêtre horizontale que j'ai dessinée pour mon grenier et qu'elle fait construire dans le sien jusque-là désaffecté. Je découvre ses meubles repeints, sans style, de guinguois, inimaginables chez mon oncle antiquaire, ou dans le château de mon beau-père, notaire, là où je me suis mariée.

Enfin, à Neauphle, c'est chez moi. Je mélange toutes les influences. On ne discerne que plus tard ce que l'on invente. (Elle dit : « Pour écrire, c'est pareil. D'abord, tu lis, tu copies. Et puis, un jour, tu laisses de côté ce que tu as lu. Enfin, tu écris toi-même. »)

Pour nous deux, ces maisons gagnées avec notre plume représentent une indépendance, une victoire. Nous y apportons nos délicatesses.

Son grenier invite à des siestes. Elle installe un lit de repos sous la longue fenêtre pour y admirer son parc. Elle appelle son jardin, un parc. Elle agrandit ou rapetisse tout à sa mesure qui n'est jamais la mesure, mais à partir de combien de mètres carrés un jardin devient-il un parc ?

Quand j'achète ma maison en 1964, je fais quelques aménagements. Marguerite visite, de temps en temps, le chantier. Un jour, elle est accompagnée de Sonia, la femme de l'écrivain George Orwell.

Sonia, anglaise, donc experte en confort, inspecte le futur *home* et avec son joyeux accent émet un verdict catastrophique : « Il manque un loulou. »

« Loulou », le rire de Marguerite à ce mot-là et l'accent de Sonia retentissent encore aujourd'hui chaque fois que je suis obligée de chercher au rez-de-chaussée les toilettes qui manquent au premier étage.

Un autre jour, Marguerite me persuade d'aller fouiller dans les tas de gravats que le maçon a déjà emportés dans son camion pour y retrouver un morceau de bois qu'elle a remarqué. Je vais chercher la vieille latte de plancher où le charpentier qui a bâti la maison a inscrit son nom et la date : « Poteau François, décembre 1882. »

Poteau, nom prédestiné pour un charpentier ; François, le prénom de mon fils. (Et la date sera celle de la naissance de mon petit-fils à cent ans près.) J'accroche la latte du plancher sur le mur. Marguerite se délecte à ces réminiscences, à ces traces de vies précédentes, mais elle n'aime pas écrire au temps passé : « Je veux la vérité : dès qu'on dépasse le présent, on perd la vérité de vue. »

Je m'aperçois que j'écris au présent alors que le passé ou l'imparfait conviendraient à ces moments révolus. J'obéis peut-être à sa préférence ou bien, comme souvent, son choix correspond naturellement au mien. Ce présent qui me vient, c'est le temps qui frémit, qui la laisse encore vivante. Elle est là, à rire, solide, plantée dans ses petites bottines. Ses grosses lunettes, ses mains minuscules. Sa voix, surtout sa voix qui dégringole, et puis s'envole.

Nous échangeons aussi des recettes. Sa salade vietnamienne, son gaspacho, son travers de porc sucré, son chou farci contre mon beurre blanc, ma sauce suprême. Elle me montre comment cuire les lentilles, les haricots blancs. Elle connaît les plats pauvres, les denrées qui ne coûtent pas cher : les légumes secs, la chair à saucisse, les abats. Elle fait la cuisine à son image ; inventive, économique. Avec beaucoup d'habileté. Comme la couture sur son antique machine Singer à pédale. Elle confectionne des vêtements qui ont du chic avec des coupons de tissus achetés en solde au Marché-Saint-Pierre. Elle dit que lorsqu'on est doué pour quelque chose (l'écriture...), on est doué pour tout : la musique, les confitures, les soupes. Elle m'indique les ingrédients de la vichyssoise : « À la fin, tu haches la ciboulette et là, tu tiens ton triomphe. »

Elle me plaît de vouloir son triomphe, même aux fourneaux.

Elle peut s'emballer pour une casserole qu'elle a dénichée dans un hypermarché et qui lui semble le comble de la modernité. « Tu dois l'acheter, c'est une casserole transparente. Extraordinaire, on voit bouillir les carottes. » Quel est l'intérêt de voir bouillir les carottes ? Ma question l'agace. Elle s'énerve si l'on ne partage pas ses enthousiasmes. Avec cette casserole, elle combat le pessimisme foncier qui l'entraîne vers la tragédie d'un monde où elle ne trouve pas tellement de raisons de se réjouir. Quand elle en crée une, elle n'a pas envie qu'on la lui gâche.

Elle peut vanter les avantages de cette casserole pendant une semaine. De même qu'elle peut manger le même plat à tous les repas, jusqu'à épuisement de son désir d'en manger. Elle me plaît aussi pour son obstination. Elle va jusqu'au bout de tout comme un petit âne buté alors que la plupart des gens s'arrêtent à mi-chemin.

Elle ne se soucie pas du goût des autres. Qui l'aime

la suive ou se cuisine autre chose. Son impérialisme insupporte, mais on n'est pas obligé de le subir. Sauf son fils qui hurle qu'elle occupe tout l'espace. Les scènes entre eux, à table, se déroulent sur ce thème depuis qu'Outa est adolescent. Ce rituel quasi conjugal devient à la longue distrayant, même pour la mère et l'enfant. Je me rappelle Outa s'écriant : « Sans la musique de Carlos d'Alessio, *India Song* ne serait RIEN, absolument RIEN. » Et de ce crime de lèse-majesté, Marguerite rit aux éclats. Lui seul, « son enfant », comme elle dit, peut se permettre une telle outrecuidance.

J'exerce aussi un despotisme culinaire : je mange à toute allure, je mène les repas à un train d'enfer. Nous sommes, toutes les deux, fatigantes. Elle, par avidité. Moi, par peur de ne plus avoir faim. Deux races de femmes : les petites noires et drues et les blondes volontiers anorexiques. Sa confiance en elle la rend plus tyrannique, mais aussi géniale. Moi, mon fils m'insulte plus sourdement. Et je ne ris pas.

Quand je vais dîner chez elle, j'apporte le superflu : des huîtres, un gâteau, du bon vin. Elle s'extasie, jamais blasée. Le luxe l'enchante d'autant plus qu'elle ne se l'accorde pas. Elle demeure sans artifice la petite fille du Mékong. Elle tient souvent son assiette comme le bol de riz de son enfance, en l'air dans sa main gauche, près de la bouche, utilisant sa fourchette comme des baguettes.

Quand elle vient dîner chez moi, elle n'apporte rien. Elle l'a dit une fois : « Je m'apporte moi-même. » Son impudence surprend. Certains la jugent détestable. Mais quand on l'invite à dîner avec des amis, on leur fait vraiment un cadeau. Ils en gardent, des années plus tard, le souvenir : « Tu te rappelles, Marguerite était là... » « Quand j'ai rencontré Marguerite, chez vous... » Elle les a marqués, non parce qu'elle est célèbre – elle l'est d'ailleurs beaucoup moins avant 1984 – mais parce que, ce soir-là, elle les a fait réagir, bouger, rire, réfléchir. Elle ne laisse passer aucun moment sans l'enrichir. On la dit avare, mais elle donne autrement.

Et d'abord à lire. Importe-t-il qu'un écrivain soit gentil ou méchant, avare ou prodigue, si on lui doit, au-dessus de tout, le cadeau de splendides heures de lecture ?

Les écrivains, comme tous les artistes, même s'ils trichent parfois en public, ont la nette intuition de leur valeur. Marguerite ressemble à ses livres, elle connaît le pouvoir de ce qu'elle écrit. Une de ses originalités consiste seulement à dire ce qui ne se dit pas. Et même à exagérer. Pour mieux provoquer des sursauts, un mouvement contre la mort.

Elle donne aussi de la gaieté aux soirées, une légèreté que ses détracteurs ne soupçonnent pas parce qu'ils ne vont pas voir ses pièces de théâtre parsemées d'absurdités comiques, de cocasseries : *Le Square, Le Shaga, Yes peut-être, Des Eaux et Forêts,* etc.

Elle traque les mots de travers. Chez les commerçants et dans les cafés des environs. Elle bavarde avec chacun dans le village, et longtemps. Le plombier, le ramoneur analphabète, elle s'intéresse à leurs maladies, à leurs familles, elle retient les prénoms de leurs enfants. Mais aussi leurs locutions. A Neauphle, elle passe pour une bonne dame. Au Café des Sports, pour une habituée. A la maison de la presse, on la trouve un peu farfelue de sortir la nuit pour faire ses courses et de se plaindre que les boutiques soient fermées.

Le maçon me demande : « Vous croyez qu'elle a raison, Marguerite ? Elle me dit que le travail de la tête, c'est plus dur que le travail manuel ? »

Elle rapporte ce qu'elle entend, en vérifie l'effet sur les amis. Elle peut répéter la même blague, sans se lasser, en en riant toujours : « J'ai dit à la femme de ménage : " Outa, mon fils, il me persécute. " et elle m'a demandé : " Il vous perce quoi ? " » Son rire se propage. Cette réplique-là, j'ai dû en rire souvent si je m'en souviens encore. Je ne prends presque aucune note avant 1982. Cet été-là, elle sera davantage qu'une amie. Une sœur aînée, mais aussi un écrivain que l'alcool est en train de tuer. Je crains que ce ne soit son dernier été, je me mets à noter.

Notre première rencontre date de 1955. Pas encore question de Neauphle, Marguerite habite entièrement rue Saint-Benoît, dans le Saint-Germain-des-Prés en vogue, plus lié au nom de Sartre et de Beauvoir qu'au sien. Elle a déjà publié plusieurs romans dont *Barrage contre le Pacifique,* mais elle n'est connue que parmi les intellectuels, et chez Gallimard où elle commence à régner.

Moi, je ne connais personne. J'ai l'impression de débarquer à Paris comme une jeune fille de province quand Robert Scipion, jeune homme cultivé, auteur de *Prête-moi ta plume,* un subtil recueil de pastiches couronné par Raymond Queneau, me propose d'aller dîner chez Margot. Il la nomme ainsi, ou « La Margot », avec une affectueuse ironie, lui et ses amis : Cau, Bost, Astruc, Rolland et les autres garçons qui gravitent dans les bistrots du quartier et qui, eux, s'appellent, comme au régiment, par leurs noms de famille. Cau, le plus misogyne, me surnomme Mimi. Je ne suis tolérée à table que parce que Scipion m'impose. Les femmes apparaissent plus tard, dans les bars ou les boîtes de nuit. Pas Margot qui ne sort probablement pas dans ces endroits. Quand les garçons parlent d'elle, ils laissent planer une équivoque un peu potache. Elle les fait ricaner. En ce temps-là, une femme qui écrit de vrais livres et qui a des aventures, ils n'osent pas s'en moquer, mais c'est tout juste.

Scipion est intrigué, dit-il, par l'immensité de mon ignorance. Il entreprend d'être mon Pygmalion. Il m'offre des « colis culturels » : tout Melville, tout Conrad, tout Kafka, tout ce qu'il faut avoir lu, précise-t-il, au moins une fois. Je m'applique, je me dépêche, je lis au moins un livre par écrivain. « Mais non, ce n'est pas comme ça qu'il faut lire... » Scipion ne se décourage pas. Gourou enjoué d'une néophyte superficielle, il m'entraîne rue Saint-Benoît pour une séance de travaux pratiques : « Tu verras des écrivains en chair et en os, peut-être Michaux, Bataille, Genet ou Merleau [Ponty], ça t'amusera. »

M'amuser ! Je suis pétrifiée sur le palier. Heureusement, aucun des penseurs prestigieux cités par Scipion n'est présent ce soir-là et ceux qui plaisantent dans l'appartement, dans les deux pièces du devant, ne me portent aucune attention. Leur jovialité un peu éméchée me surprend. Je m'attendais à des discussions politiques, à une conversation émaillée de références savantes et je n'entends que des anecdotes allusives dont je ne saisis pas les codes et des contrepèteries qui déclenchent une hilarité communicative à laquelle j'oublie de me mêler tant je suis ahurie.

Qui assistait à ce dîner ? Peut-être Vittorini, Desanti, Queneau, Morin. Peut-être leurs épouses, Ginette, Dominique, Jeanine, Violette. Sûrement Mascolo qui vit avec Marguerite. Mais même elle, je ne m'en souviens pas. Incroyable pourtant qu'elle restât silencieuse, anodine pendant toute une soirée. Même plus jeune, elle imposait ses opinions. Son livre *La Douleur* en témoigne et ses démêlés avec le parti communiste qui avaient déjà eu lieu.

Est-ce par étourderie que je ne retiens rien précisément de cette époque ? Je cours, écervelée, je butine. *L'Express* débute et moi avec. Je ne fabrique que le miel du lendemain, un bref article, un compte rendu aussitôt passé à la trappe des fêtes qui se succèdent. Je ne réfléchis pas, je galope. Tout est à prendre et rien à perdre. L'époque aussi s'étourdit, qui ne se remet pas du génocide.

De ce premier dîner chez Marguerite. je ne garde la mémoire que d'une phrase, celle de Scipion en sortant : « Alors, tu t'es bien barbée, tu n'as pas ouvert la bouche. » Il devrait savoir que je n'ai rien à dire, que je suis captivée – bouche bée – par ce qu'il me fait découvrir.

L'année suivante, 1956, c'est Budapest, les chars soviétiques entrent en Hongrie et le ton change dans les bistrots. Les communistes et les compagnons de route, nombreux dans le quartier, s'effondrent après d'interminables débats. Nous n'allons plus rue Saint-Benoît. Marguerite, déjà exclue du Parti, aurait le triomphe trop humiliant. Scipion et ses amis lui ont trouvé un nouveau sobriquet, ils l'appellent Peter Lorre, du nom d'un acteur américain au visage assez patibulaire.

Scipion fait maintenant mon éducation politique et, là encore, c'est un énorme travail. Il m'apprend d'abord que je suis une bourgeoise. J'ouvre des yeux ronds : ce mot « bourgeois » restait, pour moi, inemployé depuis 1789. Il m'apprend aussi un autre mot absolument inouï : lumpenproletariat. Il m'en démontre l'importance, mais je suis encore trop frivole et même si, pendant la guerre d'Algérie, je défile avec le personnel de *L'Express* devant le métro Charonne où furent tués huit Algériens, je demeure loin de Marguerite et des intellectuels qui signent le Manifeste des 121.

Plus tard, Scipion dira que je l'ai dépassé sur sa gauche, mais c'est une autre histoire et je rencontre à nouveau Marguerite de loin en loin sans raison politique.

En 1960, elle vient chez moi, près de l'Odéon, pour voir si mon petit garçon, François, pourrait jouer le rôle du fils de Jeanne Moreau dans le film que va tirer Peter Brook, de son roman *Moderato Cantabile*.

L'enfant est en pyjama, déjà couché. (Pourquoi cette image-là surgit-elle, si précise ?) François est évidemment trop petit pour savoir que Marguerite a écrit le scénario et les dialogues de *Hiroshima mon amour*, mais il en a entendu des répliques, comme : « Tu me tues, tu me fais du bien », qui courent partout sur le ton de la dérision depuis que le film est sorti.

Ainsi quand Marguerite sourit à l'enfant : « Tu as l'air d'un petit Japonais » et qu'il lui répond, coquin : « Tu n'as rien vu à Hiroshima », elle est enthousiasmée et veut tout de suite l'engager.

Je crains le cabotinage des enfants acteurs. François regrette un peu aujourd'hui de n'avoir pas commencé avec Marguerite, sa carrière de cinéaste. Finalement, c'est ma belle-fille Nathalie qui jouera avec Jeanne Moreau, en 1972, dans un de ses films : *Nathalie Granger*.

Jolies vacances de Pâques au bord de l'étang. Marguerite dirige le film et joue du piano. Jeanne fait la cuisine pour l'équipe sur le petit fourneau et apprend à Nathalie les chansons de Rezvani. Pour la première fois, Gérard Depardieu s'avance devant la caméra. Marguerite lui dit : « Fais-moi peur. » En vendeur de machines à laver, il a l'air d'un voleur.

Marguerite a de la suite dans les idées et les amitiés. Son ardeur et sa fidélité vont ensemble, mais si l'ardeur s'éteint, elle rompt, elle exclut. (Comme elle a été elle-même exclue du Parti ?) D'autres amis prennent la place. Jeanne s'éloigne, Delphine Seyrig apparaît et la passion renaît. Marguerite aime surtout passionnément l'amitié.

La nôtre s'amorce en pointillé. En 1962, nous nous côtoyons au Théâtre de l'Athénée où elle vient souvent assister aux répétitions de *La Bête dans la jungle* d'Henry James, dont elle a écrit l'adaptation pour Loleh Bellon et Jean Leuvrais. (Elle en écrira une seconde pour Delphine Seyrig et Sami Frey.) Après les répétitions, nous nous retrouvons au café d'en bas ou dans le foyer du théâtre que mon amie d'enfance, Françoise Spira, dirige avec l'aide d'Yvette Etievant et de Florence Malraux. L'ambiance du théâtre, ultra-féminine, ne gêne pas le compagnon de Marguerite, Gérard Jarlot, dont l'humour s'adapte même à ce gynécée.

Marguerite, qui a exploré les charmes de Neauphle, veut que nous allions toutes habiter, comme elle, à la campagne. Et bien sûr, comme elle, à Neauphle. Elle convainc Françoise qui s'installe, la première, rue de la Gouttière et se met, elle aussi, à vanter les mérites des œufs à la coque, frais pondus.

De ce parisien retour à la terre, de ces engouements

naïfs, Jarlot, j'imagine, se moque. Le rire désarme Marguerite et soustrait élégamment à son autorité. Si l'on rit, elle rit aussi, heureuse d'une soudaine complicité. Soulagée peut-être que l'on ne prenne pas au sérieux sa volonté hégémonique de mener les autres sur son propre terrain. Heureuse que l'on considère aussi sa générosité, son plaisir de donner égal à son plaisir de dominer. Elle a l'innocence de croire qu'elle fait profiter les autres de son indéniable intelligence, mais elle les irrite.

Moi, je l'écoute parce que, le plus souvent, elle indique des voies nouvelles. Et je ris aussi quand elle exagère. (« On dit que j'exagère. Tu trouves que c'est le mot ? »)

Ainsi je ne résiste pas à Neauphle et moi aussi, deux ans après Françoise, j'achète une maison rue de la Gouttière. Marguerite évoque, des années plus tard, « nos soirées entre femmes libres, à la campagne ». Je m'étonne de ce mot « libre » et aussi de sa mémoire. Elle oublie peu de choses parce qu'elle y repense souvent. Elle les ressasse, puis elle les transforme en d'autres choses, généralement plus signifiantes. Étais-je une « femme libre » ? Peut-être en devenir ? Marguerite voit à l'avance.

Ces soirées n'ont pas dû être nombreuses. Françoise n'est pas heureuse « à la campagne ». Les œufs à la coque ont fait leur temps. Françoise n'est heureuse nulle part. Marguerite écrit pour elle l'adaptation d'une pièce américaine, *Miracle en Alabama* où Françoise a du succès. Mais Françoise ne croit pas en son art. Même si elle a débuté superbement au TNP, dans *Le Cid* avec Gérard Philipe, elle ne croit pas en ses yeux verts, en son teint blanc. Elle ne croit pas qu'on puisse l'aimer vraiment. Elle se donne un mal fou pour y croire, elle se donne entièrement ou elle triche, elle s'épuise à cet effort, elle y perd la santé. Après l'anémie, la tuberculose et une nuit de janvier, après un dimanche de vaine attente, elle ouvre le gaz. Elle s'assoit dans un rocking-chair, en robe du soir, face au four et elle attend la mort qui vient. On la retrouve au matin au milieu de pétales de rose et de plumes de paon. Comme une actrice, elle a planté le décor du dernier acte.

C'est le premier bombardement de Neauphle. Je veux m'enfuir, revendre ma maison à peine acquise. Marguerite m'engage à rester. Mon ami Alain Cavalier m'encourage aussi. Sa femme, Irène Tunc, une autre trop belle dont le destin s'achèvera aussi à Neauphle – mais tout se catapulte dans un récit quand on en connaît la fin et je ne saurai tout dire, en même temps, d'un long parcours si saccadé –, Irène m'aide à revenir sur le chantier de la maison dont on refait la toiture. On ne peut vendre une maison sans toit. Dès que la maison est couverte, Alain et Irène viennent dormir sur des matelas avec Éric et moi. A quatre, nous surmontons le drame, la vie repart. Et même encore plus fort après chaque drame, mais cela, je ne le sais pas encore.

Je ne me souviens d'aucune de ces soirées « entre femmes libres ». Ont-elles existé ailleurs que dans l'imagination de Marguerite qui écrit, à cette époque, avant le suicide de Françoise, *Le Ravissement de Lol V. Stein.* Je me souviens seulement d'avoir pensé à Françoise lorsque Marguerite revient, bouleversée, de l'hôpital psychiatrique de Villejuif. L'émotion qu'elle ressent de sa visite se confond avec celle que Françoise, parfois, m'inspire. Marguerite a rencontré une jeune femme schizophrène qui prend pour moi le visage de Françoise.

Contrairement à son habitude, Marguerite ne m'en parle qu'une fois. Du brouillard, émerge le moment de son récit. Pas même son contenu, mais sa pénétrante intensité. Je me souviens de l'heure, de l'endroit où elle évoque la jeune folle. Dans le salon du fond, à l'écart, à la tombée du jour. Elle parle d'une connaissance immense qui dépasse les normes. Elle dit qu'elle aurait pu rester des mois entiers dans cet hôpital. Elle voudrait retourner à Villejuif, revoir cette femme apparemment banale, mais c'est impossible.

Pourquoi est-ce impossible ? Ma mémoire me désole, je ne retiens que des sensations, des images. Je me souviens de son regret, de sa lourdeur soudaine et de mon trouble. Je sens la gravité de cette visite, peut-être ce qu'elle recèle : une identification, une annonciation.

Lol V. Stein est née, en partie, de la rencontre de Villejuif. Marguerite s'en est expliquée par écrit et oralement au cours de nombreuses interviews. Elle s'est largement commentée elle-même. Rien de ce qu'elle a dit d'important, même à l'improviste, n'a échappé à l'écrit, et je ne tiens pas ici à éclaircir une œuvre qui, en soi, resplendit. Je cherche plutôt, à travers des détails quotidiens, à déceler l'amie sous l'écrivain, à montrer au plus près la femme dont la vie devient une œuvre. En l'occurrence, à ce retour de Villejuif, l'immédiateté de la révélation. Marguerite sait surprendre au vol sa pensée et même parfois sous la forme achevée qu'elle prendra dans le texte. Je lis, je relis dans ses romans, dans ses interviews, des phrases qui sont devenues des citations et que j'ai entendues jaillir, telles quelles, de sa bouche : « Plus tu refuses, plus tu t'opposes, plus tu vis. » « L'écrivain est intenable, il tue, il fait du mal. » « L'amour, c'est l'adultère, la trahison. » « Tout le monde a envie de tuer, pas toi ? » « Écrire, c'est suicidaire, c'est terrifiant, et on le fait quand même. » « Quand tu ne comprends rien, tu es au plus profond de l'intelligence », etc.

Marguerite laisse tomber ses avertissements sans se soucier de leur effet. Maître à penser – pourquoi ne dit-on pas « maîtresse à penser ? » –, elle est directive et inconséquente. Elle incite à des meurtres virtuels, à des bouleversements de valeurs qui choquent ma jeunesse encore sans expérience. Évidemment, ces phrases se gravent en moi. Celles-là et d'autres que je lis aujourd'hui avec l'impression de les avoir déjà entendues, prononcées par elle, de vive voix. Les mots « tuer », « mourir », « détruire » reviennent dans ses textes comme dans sa conversation : « On peut tuer le malheur, tirer sur la mort. » Son discours de guerre pourrait me faire fuir, mais je suis née comme elle pour me battre. Je m'enrôle sous sa bannière. Je vois en elle le général d'armée, mais aussi la petite fille qu'elle a été, la même que moi, libre et enragée, sans place et luttant pour survivre. « Au point zéro, on reconstruira, mais ce ne sera plus dicté par la société. » Ce qu'elle énonce est indiscutable – tout contradicteur serait suspect ou même éliminé s'il réitérait – mais sa radicalité ne m'effraie pas. Sans m'y plier, naturellement j'y agrée. Surtout dans ces années.

A l'instar de Scipion et de Jeanne Moreau, je l'appelle encore Margot. Nos traits de ressemblance m'émeuvent et me facilitent l'amitié, mais Margot n'aime ressembler à personne. Quand je découvre le miraculeux patronyme de Lol V. Stein et que je lui fais part, le cœur content, du nom de ma grand-mère : Lovenstein, elle reste silencieuse. Cette coïncidence ne l'intéresse pas.

Pire, elle ne veut pas l'entendre. Aucun nom au monde ne doit approcher celui qu'elle a inventé. Nous ne reparlerons jamais du nom de ma grand-mère.

Les oukases de Marguerite, ses provocations, ses excès sont publiquement connus. Moins, ses drôleries, ses gentillesses qui jalonnent notre route commune.

En 1966, Marguerite passe quelques jours dans la maison louée par Éric et moi, à l'île de Ré. Elle arrive à la gare de La Rochelle à seize heures treize. (Curieux détail inscrit sur un calepin.) Cela fait trente ans, cela me paraît irréel. Il y a trente ans, elle est encore jeune. Encore la jeune fille qu'elle a été. Je la revois en maillot de bain. Je revois son corps, ni trop mince, ni trop lourd, délicieusement potelé. Éric dit qu'elle ressemble à un petit tanagra. Elle va à la plage vers le soir, elle entraîne les filles d'Éric au son de marches révolutionnaires, *L'Internationale, Bandiera Rossa.* Les petites filles blondes ne chantent plus que ça : *« Avanti popolo, a la riscorsa, bandiera rossa trionfera. »* Elles se font regarder d'un sale œil par les touristes en bleu marine quand elles chantent en pédalant sur leurs petits vélos. Elles se souviennent des blagues que leur racontait Margot. Celle de l'Auvergnat qui arrive en Israël, qui entend une femme le saluer : « *Shalom* » et qui lui répond, furieux : « Chale femme. » Celle de l'enfant qui demande un Tampax au Père Noël parce que avec ça, on peut danser, nager, aller à cheval. Celle du nouveau chef africain qui prend l'avion pour la première fois et auquel l'hôtesse propose : « Un whisky, comment ? » et qui répond : « Un whisky, s'il vous plaît, madame. »

Quand elle raconte ces blagues, Marguerite rit la première. Pourquoi répète-t-elle ce genre d'histoires ? « Parce que ça me fait rigoler. »

Elle fume des Gauloises. Elle fait les mots croisés de Scipion, assise à l'ombre, dans le patio. Elle lance parfois une définition à haute voix pour qu'on l'aide à trouver le mot.

Elle compte les lettres sur ses doigts et se réjouit quand elle remplit la case. « Ah, je le tiens ! »

Elle qui déteste l'été, les soirées chaudes, « l'illusion de la vie ». Elle qui déteste aussi le printemps, les bourgeons, tout ce qui éclate et s'étale en plein jour, comment est-ce arrivé qu'elle profitât du bon air, de la peau nue, comme une vacancière ordinaire ? Je ne la reverrai jamais ainsi, dans ce moment invraisemblable, le seul de tous ceux que nous avons partagés, où elle laisse oublier qu'elle est un écrivain.

Après, jusqu'à la fin de sa vie, je crois qu'elle n'est plus retournée pieds nus, en maillot sur aucune plage. Que plus jamais elle n'a été une baigneuse légère, sans souffrance, sans conflit. Peut-être ne l'avait-elle même jamais été auparavant ? A Tarquinia, la mer n'apaisait pas ses passions. Après, à Trouville, elle a regardé la mer, de loin.

A l'île de Ré, peut-être s'accorde-t-elle enfin un repos ? Une respiration. Peut-être reprend-elle son souffle après une tempête harassante ? Elle vient d'accomplir le grand tournant littéraire de son œuvre. Elle a créé Lol V. Stein, cette héroïne de l'inconscient que Lacan lui-même sanctifie. Elle a écrit *Le Vice-Consul* qu'elle m'offre comme « le roman le plus politique jamais écrit ». Des années plus tard, elle me dira que *Le*

Vice-Consul est son plus beau livre. Ce que je pense aussi.

Quand la création s'accélère, il y a de la gaieté dans l'air et des fêtes à Neauphle. On boit, on danse et même on chante. Les amis débarquent de Paris, le samedi. Ils apportent des bouteilles. Quelquefois Marguerite prépare sa grande salade vietnamienne « avec vingt-trois produits dedans ». Quelquefois, rien. Elle ferme la porte de la cave et se promène avec l'énorme clef à sa ceinture comme un vieux sommelier. Elle se plaint : « Outa me prend tout. » Mais Outa s'esclaffe. Sa mère peut aussi le faire rire. Il dit qu'il n'y a rien à prendre, qu'elle s'invente des réserves de bons vins alors que la cave est toujours vide.

Comme deux enfants, ils font durer leur dispute. Le plaisir qu'ils en tirent s'ajoute à celui des soirées. Leur *commedia dell'arte* donne le ton. L'alcool aidant, on devient tous inconséquents. On proclame très haut des confessions ou des engagements qui n'engagent à rien. D'un bout à l'autre du salon, Marguerite interpelle Scipion :

« Toi que je connais depuis longtemps, dis à Lonsdale que j'ai de jolis seins. »

Lonsdale écarquille ses yeux endormis. Scipion se marre :

« Certainement Margot, mais je n'ai pas eu le bonheur de les voir de près.

– Ah bon, tu es sûr ? »

Après cette soirée-là, Marguerite me demande de ne plus l'appeler Margot. Elle dit que ce diminutif lui a toujours déplu.

« Pourquoi ne l'as-tu pas dit plus tôt ?

– Je n'osais pas. »

C'est la première et dernière fois que je l'entends s'exprimer si doucement, presque avec ménagement. La seule fois où elle dira qu'elle n'ose pas quelque chose. (Pourquoi cette chose-là ?) Après, plus rien ne la diminuera.

Si elle n'a pas d'amant, elle s'invente un autre amour. Cette année-là, le cinéma. Elle s'initie à la mise en scène avec Paul Seban. Elle tourne *La Musica* et découvre le plaisir du travail en équipe. Elle a besoin de solitude, mais aussi de partage, de vie en groupe. Le cinéma la grise : elle est à la fois l'auteur solitaire et la fourmi ouvrière au sein d'un groupe qui fabrique quelque chose. Neauphle s'anime désormais dans cette idée plaisante de travail en commun. Elle adore le cinéma, elle adore Paul Seban, elle adore la petite Julie Dassin qui devient la chérie du tournage.

Il y en aura des chéries du moment, des actrices évidemment comme pour tous les metteurs en scène, mais aussi des photographes, des journalistes, des admiratrices étrangères. Des hommes aussi, portés aux nues, puis évanouis. Même les compliments qu'elle en a faits, un jour, elle les nie. *Exit* Paul, *exit* Julie, etc.

Ceux qui demeurent proches sont ceux qui prennent leurs distances. Elle dit qu'elle déteste fasciner les gens, que la fascination est une dévoration. (« Ils veulent tous me bouffer. ») En même temps, elle les fascine. Pourrait-elle s'en empêcher ? Peut-on s'empêcher de séduire quand on est né séduisant ? L'admiration passe pour être la condition sine qua non de tout rapport avec Marguerite, mais elle préfère les rebelles aux moutons. Si elle joue de son pouvoir c'est parce qu'elle aime laisser l'autre sur le qui-vive. A l'autre de décider s'il approuve ou s'il s'oppose. A l'autre de choisir son attitude. La meilleure étant peut-être la résistance passive. Marguerite fait toujours appel à l'intelligence. Ce qui rend, en dépit des risques de fusillades, son amitié si distrayante.

Mon ami Alain Cavalier, frais Neauphléen, devient son ami. Avec lui, qui a déjà réalisé *L'Insoumis* et *Mise à sac,* elle se persuade que le cinéma est un grand art. D'ailleurs, cet art ne peut être que grand si elle y touche. L'austérité d'Alain, son exigence sans concession la confirment dans cette illusion. Elle n'affirme pas encore qu'elle fait du cinéma pour s'occuper ou que le cinéma est facile comme la pratique de l'automobile. Elle exalte au contraire le cinéma qui l'a déjà rendue célèbre avec *Hiroshima,* mais elle en veut à Alain Resnais parce qu'il ne lui a pas demandé un second scénario. Resnais souhaite collaborer avec des écrivains différents. Elle l'accuse des pires méfaits avec une mauvaise foi et une fausseté dont elle ne se départira jamais. Elle a plus de constance dans l'anathème que dans la louange.

A ce moment-là, nous adorons tous le cinéma. Quand nous nous retrouvons à Neauphle, dans nos cuisines, nous ne parlons plus que de cinéma. Alain Cavalier voudrait tourner un film sans scénario. Irène cherche des rôles où montrer qu'elle est comédienne alors que les producteurs ne voient en elle qu'une pin-up et la confinent dans des « films-péplums » qu'elle va tourner à Rome. Éric pourrait produire le film qu'Alain réaliserait pour Irène. Nos projets nous égayent. On s'emballe, on suppute, on mange gaiement des poireaux-vinaigrette à l'huile de soja, le menu-régime qu'Irène concocte, le samedi soir. Marguerite préfère le foie gras qu'Éric apporte de Paris. (Souvenirs de la nourriture bizarrement plus tenaces que ceux des conversations.) Éric intéresse Marguerite parce qu'il manie l'argent mystérieux des affaires. Mais tous les amis masculins qui viendront chez moi, à Neauphle, intéressent Marguerite. Tant mieux si elle apprécie mes choix et mes goûts.

Ces années-là, tout paraît possible. Donc, joyeux. On va refaire le cinéma. Et bientôt, c'est 1968, on va refaire le monde.

Nous ne le referons pas ensemble. Marguerite, à la Maison des Écrivains, écrit un texte politique, circonstancié comme un roman, qui fait éclater le Comité d'action étudiants-écrivains qu'elle avait lancé. C'est bien dans sa manière de scier l'arbre sur lequel elle est montée. Comme quinze ans plus tard, après la gloire du Goncourt, elle rompt l'unanimité enfin acquise en sa faveur en accusant sans preuves une mère, Christine Villemin, du meurtre de son fils. Cette prise de position, intolérable à la majorité, remet Marguerite à son aise, dans sa place plus habituelle de sorcière. Elle ne supporte pas l'unanimité.

En mai 68, parmi les écrivains, elle ne court pas ce danger. Son texte « politique » relate, avec un comique plus ou moins volontaire, la confusion des intellectuels quand ils s'essayent à une pensée collective.

De mon côté, à la télévision où je travaille comme productrice d'une émission sur le cinéma, je me heurte aux luttes syndicales et je me retrouve gauchiste, comme Monsieur Jourdain faisait de la prose. Le Comité d'action me paraît simplement plus clair, moins embarrassé de stratégies que les syndicats. En fait, moins politique. Paradoxalement, on devient révolutionnaire par apolitisme, si la politique signifie un calcul des opportunités à long terme.

Dans le court terme, le « boycott » de l'ORTF est à l'ordre du jour du Comité d'action. J'y mets toute mon énergie. Ce qui me vaut, à la rentrée, d'être exclue de la télévision. J'apprends que si l'on sort du rang, on est vite sanctionné. Rude apprentissage. Les exclusions vont se poursuivre en chaîne et me mener au tapis.

Marguerite me félicite :

« C'est très bien, le travail, c'est fini. Outa ne veut pas travailler et ses copains, non plus. Ils ont compris. »

Je ne sais pas ce qu'ils ont compris. Marguerite déraisonne, j'attends en silence qu'elle aille plus loin dans son délire :

« Il faut que les jeunes refusent de travailler. »

Et là, je me souviens encore du lieu, de la rue près de la boulangerie où elle prononce cette phrase qui me marque comme elle en marquera bien d'autres : « Que le monde aille à sa perte, c'est la seule politique. »

Cette déclaration me fait entrevoir que Marguerite n'est pas plus « politique » que moi. Mais aujourd'hui, son utopie me paraît saisissante. Et renversante son intuition d'un monde où la sacro-sainte valeur du travail est remise en cause, même par les gouvernements.

En 1969, Marguerite passe à la pratique. Elle écrit *Détruire, dit-elle* et cherche l'argent et le lieu pour tourner le film. La propriété de mon ami Jean Reyre, au Mesnil-Opton, lui convient. Que Jean Reyre soit le P-DG, de la Banque de Paris et des Pays-Bas, Marguerite s'en moque. Au contraire, elle affirme sérieusement que tourner *Détruire, dit-elle* chez un banquier annonce le début de la révolution. Personne ne bronche. L'humour et la révolution ne vont pas ensemble. La jeune actrice Nicole Hiss, ardente et sombre, porte son étendard.

Dans les années 70, une autre actrice plus légère, Alexandra Stewart, avec laquelle je vais à la pêche dans une rivière du Lot, se penche sur l'eau claire du ruisseau et souffle : « Des truites, dit-elle. »

Quand je rapporte ce trait d'esprit à Marguerite, elle ne rit pas. Mai 68 est passé, mais il y a quand même des plaisanteries qui ne se font pas. Celles qui concernent son œuvre.

Marguerite rencontre souvent les filles d'Éric qui vont à l'école primaire de Neauphle. Elles vivent avec nous depuis que leur mère a renoncé à les élever. Marguerite m'interroge beaucoup : « Leur mère, elle est vraiment devenue clocharde ? » « Leur mère, elle a vraiment abandonné ses mômes ? » « Totalement abandonné ? » « Elle a des amants, cette femme, ou rien ? »

Je lui réponds toujours la même chose : leur mère boit trop, elle a décidé, une fois pour toutes, de ne pas se mêler de l'éducation de ses filles. Marguerite semble éblouie, si émerveillée par une situation plutôt désolante que je me sens toujours obligée de préciser : « En effet, c'est plus net et plus facile pour moi que leur mère n'intervienne pas, mais les petites souffrent d'une absence aussi radicale que je ne peux pas rendre moins douloureuse. »

Marguerite hoche la tête. Quand elle réfléchit, elle a une façon particulière de raccourcir son cou, de rentrer encore plus sa tête dans les épaules. Elle reste sans commentaire, comme si elle cherchait à élucider un mystère.

Et puis, un soir où les petites filles dînent avec nous

dans la cuisine, elle leur dit : « Vous savez, votre mère est admirable. Totalement admirable. »

Les petites filles ahuries dévisagent Marguerite. Pour la première fois, sa provocation ne me fait pas rire. Veut-elle saper la confiance que les enfants m'accordent ? Obérer l'amour que je leur porte ? Ruiner cette informelle adoption ? Une telle perfidie ? Non, Marguerite ne peut pas vouloir faire du mal à des enfants.

Les petites se taisent. Marguerite laisse volontiers le silence alourdir ses arrêts. Le malaise grandit.

« Marguerite veut dire que votre mère est malade et que ce n'est pas sa faute si elle ne vient pas vous voir. Ce n'est pas parce qu'elle ne vous aime pas. Au contraire, elle ne veut pas peser sur vous. Elle se soigne pour vous retrouver quand elle sera guérie... »

Marguerite m'écoute avec ennui. Je sens très vite quand quelqu'un l'ennuie et, cette fois, c'est moi. Et je me trouve, sous ses yeux, fadasse, trop gentille. Elle recommence.

« Votre mère est... »

Quel adjectif laudatif, superlatif employa-t-elle encore ? Était-ce déjà « sublime », en 1970 ? A ce moment-là, je ne comprenais pas pourquoi Marguerite glorifiait le comportement démissionnaire de cette mère alcoolique.

Plus tard, je lirai dans ses textes ce qu'elle entrevoit de l'amour maternel impossible aux femmes qui frôlent l'existence. Ce qu'elle sait de ces femmes creuses, laissées sur les plages à regarder jouer leurs enfants qui, vers le soir, leur deviennent presque étrangers. Les plages peuvent se transformer en désert. Pas d'enfant plutôt qu'un enfant qu'on est incapable d'aimer. Aller au bout du désert, de l'abandon. Jusqu'à l'alcool, le suicide, le meurtre.

La mère des petites blondes ressemble aux femmes de ses livres qui n'attendent aucun bonheur. Femmes qui ne se dirigent pas, qui ne sortent pas. Toutes les yeux clairs, imprudentes, imprévoyantes, éternellement enfantines, elles flottent dans l'oubli d'elles-mêmes.

La mère des petites blondes finira sa courte vie tragiquement, dans un dénuement absolu.

Les petites filles, qui n'avaient pas dix ans, se souviennent encore de la déclaration solennelle de Marguerite, mais gardent de ce « totalement admirable », qui me paraissait si néfaste, un souvenir joyeux : « Personne ne nous avait dit que notre mère était admirable. Nous avions envie de l'admirer. Elle nous donnait le feu vert. » Marguerite, en somme, ce jour-là, leur fait du bien.

Vingt-cinq ans après, il y aura Christine Villemin, soupçonnée d'avoir noyé son fils. Marguerite croit encore reconnaître dans ce fait divers l'une de ses héroïnes. Elle se précipite sur les lieux, dans la vallée de l'Est où coule la Vologne. Elle soupèse à son aune la non-vie de Christine et, sans autre preuve que sa fantastique compassion, l'accuse du crime. Si Christine est passée à l'acte qui va empoisonner son existence, si elle s'est ainsi condamnée plus gravement qu'en se noyant elle-même, elle est « sublime, forcément sublime ». J'entends « totalement admirable ».

L'opinion publique déteste l'écrivain qui se permet tout, mais l'opinion publique oublie que l'écrivain n'écrit pas au nom de la loi.

Parfois l'écho des voix de Marguerite me parvient.

En 81, on lui demande de présenter au festival d'Hyères un film de son choix. Elle désigne une émission que j'ai réalisée avec Ange Casta, pour la télévision. Je ne savais même pas qu'elle avait regardé cette émission tournée dans un coron de mineurs, près d'Arras, dont le sujet imposé était : « Quatre générations de femmes sous un même toit. » Elle ne m'en avait jamais parlé.

Quand le film est projeté à Hyères, son choix me devient lumineux. L'héroïne de l'émission semble directement sortie de son œuvre : Alissia, même le prénom, n'est ni l'arrière-grand-mère, ni la grand-mère, ni la petite-fille. Elle est la mère, la femme de trente ans silencieuse et palpitante, étouffée par ses enfants et par les conventions du voisinage. Le film se termine par un plan du visage pur d'Alissia, paupières baissées sur ses yeux clairs, tandis que ses enfants jouent à l'enterrer sous le sable d'une plage du Nord.

Nous les avions emmenés là parce qu'ils n'avaient jamais vu la mer. Les enfants avaient eux-mêmes inventé ce jeu.

Marguerite ne savait pas que, pendant le tournage, Alissia avait tenté de se suicider.

Marguerite dit : « Je ne t'ai jamais vue lire. »

Sa remarque m'étonne. Quelquefois, je ne comprends pas où elle veut en venir. Croit-elle que je ne lis pas ? Je ne l'ai jamais vue lire, non plus. On ne voit lire que les personnes avec lesquelles on vit.

Elle dit qu'elle lit la nuit, quand elle lit. Le plus souvent, elle prétend qu'elle ne lit plus.

Une année cependant, elle lit sept Hemingway à la suite et me suggère d'en faire autant : « Pour le plaisir, quand rien ne presse. » Je lui conseille *L'Homme sans qualités* qui devient pour elle une « lecture illimitée ». Cette formule qui lui vient spontanément me frappe. Elle en sent la portée et la répète aussitôt plusieurs fois dans la soirée, puis en public et partout. Elle dit désormais : « J'aime bien Proust, mais j'aime mieux Musil. » Et Musil devient l'écrivain incomparable, l'auteur d'un livre « encore plus beau d'avoir été inachevé ». Elle ne dévoile pas ce qui la bouleverse au plus profond. Elle le garde en secret pour l'écrire. Plus tard, en lisant *Agatha,* s'éclaire sa dévotion pour *L'Homme sans qualités.*

L'amour entre Ulrich et Agatha, entre le frère et la sœur, c'est le sien pour le petit Paul, c'est l'inceste plus ou moins consommé qui se profile dès *Le Barrage* et à travers son œuvre jusqu'à *L'Amant.* C'est ce dont elle ne me parle jamais vraiment. Pudeur ou imagination, où aurait été d'ailleurs sa vérité ? Pour un écrivain, il n'y a que son texte qui soit vrai.

Marguerite affirme qu'elle ne tient plus aux « livres sacrés », aux bibliothèques et, bizarrement, elle n'a pas de bibliothèque à Neauphle. Ni à Trouville ni à Paris. « J'ai eu ça autrefois, c'est un mauvais souvenir. » Elle n'explique pas pourquoi. Elle dit encore : « Les lieux de culte, c'est fini. Plus un livre, plus un disque, je n'ai que la télé. Je ne veux pas de magnétoscope. C'est bien de rater des choses. C'est bien qu'on me les raconte. Ou bien, ça n'en vaut même pas la peine. »

« Ça n'en vaut pas la peine », elle emploie souvent cette expression qui sous-entend que presque tout lui est pénible.

Des « livres sacrés », elle en conserve quand même quelques-uns : la Bible, Michelet, Chateaubriand, Rousseau, Pascal, *La Vie de Jésus* par Ernest Renan, *La Princesse de Clèves,* Racine (« Inégalable »), Baudelaire (« L'éternité est atteinte »). Elle ne cite jamais Shakespeare, ni Homère. Elle adore dire que « Flaubert est un grand écrivain, mais c'est tout ». Elle dédaigne le travail besogneux, raturant de Flaubert qui maîtrise son style au lieu d'être emporté par des vagues. Celles de Virginia Woolf lui paraissent maniérées. Elle me recommande d'autres écrivains féminins moins raffinés et moins élégamment reconnus : Sigrid Undset pour un roman, *Christine Lavransdatter,* dont l'histoire d'amour sauvage l'a émue.

Elle fait photocopier pour moi le livre épuisé d'une jeune romancière écossaise, ayant vécu en Afrique du

Sud, Charlotte Webster, morte de tuberculose à trente-deux ans. *Cérémonie d'innocence* est son seul roman. Marguerite aime les auteurs d'un seul roman. Elle m'offre le paquet de photocopies où elle a écrit de sa main : « Pour Michèle, cet exemplaire sauvé du déluge. Marguerite. »

Ce cadeau m'est si précieux que je fais relier les feuilles d'un format plus large que haut, en cuir blanc. Ce livre immaculé constitue l'unique objet que Marguerite m'ait offert. Elle me refuse le don que je lui demande d'une page manuscrite. Pourquoi ? Parce qu'elle en estime le prix de vente ? Parce qu'elle ne veut pas encourager ce qui pourrait ressembler à de l'idolâtrie ? Les deux hypothèses me déplaisent, mais après une de ses longues maladies, elle m'apporte une photo d'elle où elle a écrit dans un anglais approximatif, d'une main qui tremble et qui se trompe : « For you – from a long time ago – just like a life – non ? Love. Marguerite. »

Son écriture hésitante sur ce portrait d'elle-même, gonflée d'alcool, assise avec Yann devant une bouteille de vin rouge, m'attendrit, comme elle dirait : totalement.

Elle adresse une autre dédicace arrosée, mais moins chaotique, à l'une des petites blondes, alors étudiante en Amérique : « A Nathalie, mon amour. Neauphle, le 29.1.78, deux heures et demie du matin chez notre Michèle avec des amis. C'est l'hiver, mais les jours commencent à être un peu plus longs, la vie un peu plus supportable, l'idée de ton retour plus proche. Je t'aime beaucoup. Marguerite. »

L'alcool porte à l'épanchement. Une nuit, en me disant bonsoir, elle m'embrasse très fort. « C'est bon, hein, d'être des amies. Parce qu'on peut le dire, nous sommes des amies. »

Cette proclamation enfantine, je m'en souviens nettement parce qu'à ce moment-là, sur le pas de la porte, j'ai l'impression qu'elle est une toute petite fille et moi la grande du pensionnat qui la protège.

D'autres dédicaces à chaque livre au cours des années, puis seulement « Duras » sur la page de garde, puis les livres sont envoyés sans rien. Je les recevrai jusqu'à la fin, même quand nous ne nous parlerons plus.

Je lis tout ce qu'elle me conseille : *René Leys* par Victor Segalen, les lettres de Van Gogh à son frère Théo, *La Vie de Goya* par une Italienne dont j'ai oublié le nom, le journal de Sophie Tolstoï, les lettres de Diderot à sa fille, un roman *Le Gouverneur de la rosée* dont même les libraires ont perdu la trace.

Elle lit plutôt les biographies, les journaux intimes, les correspondances. « Plus c'est personnel, plus tu touches l'universel. » Elle dit qu'elle ne peut rien aborder en général. « C'est en allant au plus particulier que j'atteins les choses. »

Nous lisons en même temps le journal de Katherine Mansfield. Elle dit : « Je suis comme elle, je préfère être avec des gens qui m'aiment trop peu qu'avec des gens qui m'aiment trop. »

Je note cette phrase dans un carnet tant elle ne correspond pas à l'idée qu'on se fait de Marguerite, de son besoin d'être adulée.

Je lui cite, à mon tour, quelques lignes de Katherine Mansfield : « Avec qui donc ai-je été la plus heureuse ? Avec personne en particulier. C'était toujours la même chose. »

Marguerite réagit rarement du tac au tac. On la voit d'abord se tasser, quasiment rétrécir.

« Chez Mansfield, la mélancolie aplatit la curiosité. Toutes les femmes sont instruites de la répétition. »

Encore une fois, elle s'entend. Ce qui surgit dans la conversation, elle sait le retenir. Et s'en resservir. Elle creuse son propos dans une interview pour « Les yeux verts », numéro spécial des *Cahiers du Cinéma* où elle me dira : « Toutes les femmes sont instruites de la douleur. »

Répétition de la douleur ou douleur de la répétition ? Plus ma vie s'allonge, plus ce qu'elle m'a dit se vérifie. Comme cette autre phrase, lâchée un jour d'été, dans le parc, alors que je lui parlais de mes enfants : « On n'y peut rien, les enfants captent même les secrets anciens. » Après elle écrira ce bel apophtegme : « Famille, gardienne de l'indéchiffrable. » Elle dit que Freud a éclairé la sexualité, qu'il l'a sortie au grand jour et que depuis, les romans sont devenus illisibles.

Un jour où nous venons de regarder ensemble une émission sur Francis Ponge, elle me dit, très songeuse : « Tu vois, c'est de ce côté-là que je suis. Avec lui, du côté du langage. Le cinéma, pour moi, ce n'est qu'une distraction. »

Les films qu'elle admire, elle les a énumérés souvent : *Ordet, La Nuit du chasseur, Pickpocket* et *Balthazar.* Elle dit : « Tout Bresson », mais elle n'a pas tout vu. Prendre la partie pour le tout lui est familier. En fait, elle va très peu au cinéma et ne voit des films qu'à la fin de sa vie, quand ils sont projetés à la télévision.

Elle tiendra publiquement sur le cinéma des propos vengeurs. Hormis Jacques Tati et Jean-Luc Godard, elle rejette tous les cinéastes vivants. Pour les écrivains de sa génération, elle ne montre guère plus d'indulgence. « Sartre, ce n'est pas un écrivain », « Sarraute est trop intelligente. » Quant à Simone de Beauvoir : « C'est le comble, tu te rends compte, elle a demandé à un garçon qui commence à écrire : " Qu'est-ce que vous avez à dire ? " » Elle se moque de Beauvoir carrément, largement, ses belles dents brillent : « Écrire, c'est le contraire d'avoir quelque chose à dire. Si on le savait, ce ne serait pas la peine d'écrire. »

D'un ami commun qui a publié avec succès quelques livres, elle dit, dubitative, comme si elle pensait à haute voix : « Il écrit, oui. Alors on dit que c'est un écrivain. On croit qu'écrire, ça suffit. » Elle me conseille, comme on ordonne : « J'espère que tu ne te fies pas aux critiques. Il n'y a que les éditeurs pour lire ça. »

Des années plus tard, elle dira à Yann : « C'est parce que vous êtes un écrivain, que vous n'écrivez pas. » Pour elle, c'est un compliment. (Peut-être aussi, en ce qui concerne Yann, un soulagement.)

J'ai aussi des amis qui n'écrivent pas et qui sont des écrivains. Ils ont l'élégance de la discrétion, une pudeur aérienne mais leur profondeur, leur amour des mots, leur regard qui touche toujours juste au cœur des choses éveillent l'esprit. Certains de ces écrivains muets laissent filtrer quelques lignes : Michel Cournot, par exemple. D'autres se cantonnent dans leur orgueil manichéen : la perfection ou rien. Leur stérile délicatesse s'impose comme le contraire du prosaïsme fécond de Marguerite. Elle confesse : « J'ai cette vulgarité. » Elle en fait une théorie exemplaire : « Il faut être prosaïque pour écrire. » Concret, naïf ? « Il ne faut pas se poser la question de la fin. »

Elle préfère la retenue à l'abondance. Même si personnellement sa nature déborde, elle réussit ce prodige de savoir toujours garder une réserve, une part obscure. On croit qu'elle s'expose entièrement, elle vitupère, elle exagère, mais elle ne dévoile que l'écume.

Elle ne lit pas les nouveaux auteurs à moins qu'elle ne les connaisse amicalement ou que des amis les lui recommandent. Ainsi, elle s'emballe pour *L'Établi* par Robert Linhart. J'invite Robert à Neauphle et elle l'adore. Évidemment, elle veut le faire savoir. Par la parole, tous les soirs : « Personne mieux que Linhart n'a fait sentir l'oppression du travail. » Par l'écrit : un article dans *Libération.* Son désir intense de faire partager ce qu'elle aime lui est reproché. Sa générosité passe à l'as. On ne retient de ses démarches que l'autorité. Une volonté de suprématie.

Elle gêne. Elle se conduit librement dans un monde grégaire. Elle n'obéit à aucun réseau, à aucune mode. (« Ils ont même essayé de me filer dans " le nouveau roman " parce que je rigolais avec Robbe-Grillet. ») Elle n'est même pas fidèle à un éditeur qu'elle choisit, toujours éjectable.

Elle paye le tribut de sa liberté par une solitude qu'elle finit par revendiquer comme le stigmate de sa royauté. Elle sera seule. Définitivement seule. Il n'y aura qu'elle à savoir, à décider, à distribuer des médailles. Ainsi lorsque *L'Établi* sera reconnu par tous comme un grand livre, elle n'en dira plus un mot. *Exit* Linhart. Elle passera à *L'Excès – l'usine* par Leslie Kaplan, alors inconnue, dont elle parlera dans les mêmes termes exactement que *L'Établi* : personne mieux que Kaplan n'a fait sentir l'oppression du travail.

Marguerite fuit l'unanimité. Elle s'en méfie instinctivement comme ce juge, dans le Talmud, qui gracie l'accusé que le jury unanime a condamné. Sauf en 1984, à la sortie de *L'Amant,* où elle savoure sa revanche contre la solitude, mais elle repart vite vers une écriture moins limpide. On ne la loue plus unanimement pour le roman suivant *L'Amant de la Chine du Nord.* Encore moins pour *Emily L.* qui est pourtant un de ses plus beaux livres. Les critiques pensent qu'elle écrit trop, qu'elle se répète. A son âge, après un tel succès, elle devrait s'arrêter. C'est comme si on lui disait qu'elle devrait mourir.

Je lui rapporte ce que j'ai lu dans un magazine : Somerset Maugham écrivait encore chaque matin, à quatre-vingt-seize ans. Pour elle, c'est une évidence. Elle dit : « C'est normal, une fois que le pli est pris. »

Je lui demande pourquoi j'écris sans effort des lettres et des articles et si difficilement dès qu'il s'agit d'un texte qui pourrait être publié en livre.

« Parce que dans un livre, tout est là, le choix est immense. »

Elle me glisse parfois des avertissements : « Si tu écris quelque chose qui se passe à Venise, tu ne vas pas à Venise. » Elle ajoute toujours à ses conseils une part de sa propre expérience. « Si j'étais retournée au Vietnam, je n'aurais pas pu écrire sur mon enfance. C'est une chance pour un écrivain d'être coupé de son enfance. » Quelquefois, elle a l'air de se contredire : « Un écrivain n'est jamais coupé de son enfance. Il y puise tout. »

Ses conseils perdent, par le tutoiement, leur tournure générale d'adages et d'aphorismes : « Quand tu te mets à écrire, l'écrit est déjà là. Il faut que tu ailles vite, ça va s'échapper. Quelquefois, la main ne peut pas suivre. » Elle dit aussi que, parfois, elle reste assise à sa table pendant des heures et que rien ne vient. « Ça ne fait rien, un écrivain travaille même quand il dort. »

Je n'ai pas l'impression qu'elle délivre un enseignement. Elle sait que l'expérience ne se partage pas. Elle dit d'ailleurs que la seule consigne pour un écrivain est de n'en avoir aucune. Parfois, cependant, des consignes lui échappent : « Il y a toujours dans un livre un passage incontournable. Il faut laisser l'erreur. » Quand elle parle de l'écriture, c'est souvent à brûle-pourpoint, comme si elle soupesait une idée qui venait de surgir : « Tu dois être forte pour écrire, plus forte que l'écrit. Tout le monde a peur. Pas moi. » Mais elle dit qu'écrire, c'est aller vers la mort, rester dans la mort : « Tu dois affronter la solitude. Il n'y a pas d'écrit sans solitude. » Elle dit qu'il y a une vieille inimitié entre la vie et la grande création.

Elle me scrute : « Toi, tu aimes la vie. »

Est-ce un reproche, un compliment ? Un constat peu flatteur ? Aimer la vie... Elle aussi, comme tout le monde, dès lors qu'on ne se tue pas. Mais comment faire pour ne pas se tuer ? Écrire, écrire, la grande création. Ou bien, comme moi, courir, courir, toucher à tout, sans autre nécessité que de s'étourdir.

Elle fait semblant de m'envier : « Toi, tu as les hommes, la grande vie. » Je ne sais pas ce qu'elle entend par « grande vie ». Probablement le contraire de la grande création, le luxe, le succès, ce à quoi j'accède par le métier de journaliste et qu'elle méprise mais avec ambivalence. Elle a, de « la grande vie », une vision de midinette. Elle aime s'en approcher, puis la rejeter. Elle a aperçu de loin, dans son enfance, le beau monde colonial où son frère était admis parce qu'il jouait au tennis. Elle regarde toujours ce monde-là avec ses yeux d'enfant. Elle dit : « Tu es une belle femme, tu es grande. Moi, je suis très petite. Toute ma vie a été marquée par cette difficulté. » Elle dit encore qu'elle est banale : « Personne ne s'est jamais retourné sur moi dans la rue. »

Dans les années 70, elle n'a pas encore surmonté ses regrets. A-t-elle jamais surmonté sa timidité secrète autrement que par l'alcool ?

Elle veut peut-être me flatter quand elle m'assène : « Tu ressembles à la reine Élisabeth. » Parfois, elle trouve que je ressemble plutôt à Madame Pompidou. (Qu'ont, en commun, ces deux dames ?) J'ai tendance à m'affecter de ces comparaisons, mais j'ai l'habitude : on a toujours jugé, dans ma famille, que j'étais laide. Qu'il faudrait me faire opérer le nez, les oreilles, la mâchoire. On me disait que je ressemblais à la cousine Marjorie qui était un monstre.

Marguerite adore mes histoires de famille. Nous allons ensemble au Trianon-Palace à Versailles. Elle veut voir où je passais mes vacances solitaires de petite fille auprès d'un grand-père juif qui portait des favoris blancs comme Lincoln. Elle aime le grand-père, né à New York, d'une famille allemande et qui fuit l'Amérique, à vingt ans, parce qu'il lit à la porte d'un restaurant de Manhattan : *« No dogs, no jews. »* Il arrive en Europe au moment où les juifs d'Europe commencent à chercher refuge en Amérique.

Au Trianon, elle me fait raconter, à chaque fois, comment mon grand-père n'a pas appris un mot de français en cinquante-deux ans, comment il habitait à l'année dans des palaces, en faisant au téléphone son commerce de diamants entre Amsterdam et Johannesburg.

Marguerite aime que je lui raconte les palaces de mon enfance. Comme à d'autres, on décrit la misère, je lui donne les mots, les images de la richesse : les *grooms,* le *lift,* l'orchestre « épatant » à l'heure du thé, les « poules » avec leurs chiens en laisse que l'on détache pour que je les promène dans le parc. Je lui dis : « Les hôtels de mon enfance sont des non-lieux. » Elle acquiesce : « Oui, il y a plus de variété, de vastitude dans la pauvreté. »

Une autre fois, je dois aller chez Guy de Rothschild, près de Deauville. Marguerite tient à m'y accompagner. Elle attend dans un café voisin pendant l'interview et quand je sors de la propriété du baron, elle me questionne sur tous les détails de l'ameublement, du service, de la collation. Elle pose des questions incroyables : « Est-ce qu'il y avait des domestiques ? » « Quelles fleurs dans les vases ? » « Et le baron, il était habillé comment ? »

A bout de questions, elle finit par éclairer son interrogatoire : « Les riches ne sont pas que ça, riches. Tout serait dégueulasse chez les riches et pas dégueulasse chez les pauvres. Non, j'en ai marre des catégories. »

Après notre incursion chez les Rothschild, elle commande des moules-frites à la brasserie de Trouville, et parle aux serveurs, aux voisins. Contrairement à Katherine Mansfield, une curiosité vitale l'entraîne. Elle dit : « On a une vie très pauvre, les écrivains. Enfin, ceux qui écrivent vraiment. » Elle souligne souvent cette différence, mais elle reconnaît qu'elle ne se détache pas des événements extérieurs, ni des informations du monde. « Je n'arrive pas à l'indifférence. C'est ce qui me reste de l'engagement politique. »

Elle peut, certains soirs, transformer la brasserie en

agora. Elle se mêle de tout, même de l'achat des fromages. « Vous devriez acheter du brie de Meaux. Il n'y a que ça, le brie de Meaux. » Marguerite, désespérée, malheureuse, mais pas mélancolique. Marguerite, plutôt du côté de George Sand, toute en actes, capable d'écrire un livre après l'autre, sans renoncer aux passions des hommes, des plantes, des arts, des nourritures, des soirées tardives, se plaint cependant d'être absorbée par cette œuvre qui la dévore : « Je n'aurai pas encore vu l'été », mais Yann ironise : « Allons donc, vous voyez tout. »

C'est vrai, elle voit même, et surtout, les ombres, les obscurités, tout ce que l'on ne veut généralement pas voir. Elle énonce sans vergogne des maximes contraires : « Il faut être humble pour écrire » ou bien : « Écrire, c'est l'humilité. »

Elle s'insurge contre les études : « Les universitaires ne seront jamais des artistes, ni des écrivains. » En même temps, elle valorise ceux qui ont fait Normale ou Polytechnique. Elle mentionne leurs titres comme elle annonce fièrement qu'elle a fait des maths. Elle affirme que le savoir ne remplace pas la connaissance, mais elle s'enquiert de la scolarité des enfants et préfère ceux qui travaillent : « J'étais bonne élève, ça me venait naturellement de ma mère institutrice. » Elle écrit cependant l'histoire d'Ernesto, l'enfant qui ne veut pas aller à l'école parce qu'on y apprend ce qu'on ne sait pas. Elle dit que l'école enseigne des règles et qu'il faut refuser les règles. Elle remarque : « Tes filles, elles sont premières, évidemment », sans que je sache si elle exprime un compliment ou un regret. Elle dit : « J'ai été réglementaire, jamais contente. Je faisais les choses pour les avoir faites. » Elle s'emballe : « Je suis pour la fermeture des facultés. » Quand elle sent qu'elle est allée au plus fort, elle se radoucit : « Ça m'est égal d'exagérer, il y a du bon dans l'utopie. »

Elle insiste : « Le réalisme, c'est nul. Tu vois, c'est comme le journalisme objectif. Aucun intérêt. Le journalisme ne doit s'exercer que dans la passion, sans souci d'objectivité. »

Elle cherche souvent à me déstabiliser, mais ce qu'elle dit ne m'apparaît jamais ni faux ni contradictoire. On peut être fort et suicidaire, humble et orgueilleux. On peut écrire un article subjectivement et transmettre plus de vérité qu'en restant neutre. Elle me fait réfléchir. A moi de prendre, seule, la meilleure piste. Marguerite laisse ses interlocuteurs dans l'inquiétude de l'intelligence.

Et un jour, plus terrible, l'air de rien, elle me met au pied du mur : « Je ne comprends pas que tu me supportes. Un écrivain ne supporte pas un autre écrivain. »

Un moment m'est nécessaire pour saisir et digérer le sens caché de son propos. Pourquoi se met-elle dans la position de celle qui serait insupportable ? J'entends enfin : si elle me supporte, c'est que je ne suis pas un écrivain.

Le coup pourrait être rude si je ne pensais comme elle, qu'écrire ne suffit pas pour être un écrivain. Moi aussi, je place la barre très haut. Quand je feuillette certains livres, je trouve qu'écrire, c'est encore moins écrire que de ne pas écrire du tout. En revanche, je reconnais « la grande création », sa rareté magique. Entre les deux, j'avance, obstinée, téméraire. Marguerite précise : « Écrire, c'est tenter de savoir ce que l'on écrirait, si on écrivait. On ne le sait qu'après. Avant, c'est trop dangereux. »

Peut-être n'ai-je pas commencé à écrire ? Ni mon premier ni mon dernier mot ? Je continue d'essayer dans l'espoir d'écrire un jour. Sans trop y croire, chère Marguerite.

Peut-être devrais-je lui reprocher sa dureté ? La juger méchante, mais je la sens surtout sincère et la sincérité ne me heurte jamais. Peut-être sommes-nous amies parce que nous avons la même folle et parfois blessante exigence de vérité ? Parce que nous sommes restées un peu enfantines, comme dans l'amitié adolescente où l'on se jure que l'on se dira TOUT.

De la sincérité à la cruauté, le pas se franchit vite, mais les personnes qui ne craignent pas de faire mal présentent aussi un aspect bénéfique : quand elles prononcent des éloges, on est sûr que ce ne sont pas des complaisances.

J'offre à Marguerite *Martin Eden* par Jack London. Cette lecture l'enchante, elle me remercie. : « Toi, au moins, tu as une intuition certaine : tu sais ce que c'est, la littérature. » Puis, elle ajoute : « Littérature, je n'aime pas ce mot. C'est un mot sans force. Un texte littéraire, c'est quoi ?

– Quel mot serait meilleur ?

– Oh, écriture. Oui, c'est ça l'écrit. »

Souvent, elle confesse : « L'écrit, j'en parle beaucoup, mais au fond, je ne sais pas ce que c'est. »

Je note parfois ses petites phrases :

« S'il n'y a pas de musique dans un livre, il n'y a pas de livre ».

« Être écrivain implique de se perdre. »

« J'ai découvert que le livre, c'était moi. Le seul sujet du livre, c'est l'écriture et l'écriture, c'est moi. »

Elle me donne aussi un jour, un conseil : « La seule

question du roman, celle que tu dois te poser, c'est " qui parle " ? »

Je lui cite ces phrases de Matisse que je viens de lire sur un mur dans une exposition au Cateau-Cambrésis, son village natal :

« Je me suis dépêché au travail, poussé par je ne sais quoi, par une force que je perçois aujourd'hui comme étrangère à ma vie d'homme normal...

« C'est dans la création de la chapelle de Vence que je me suis éveillé à moi-même et j'ai compris que tout le labeur acharné de ma vie était pour la grande famille humaine, à laquelle devait être révélée un peu de la fraîche beauté du monde, par mon intermédiaire.

« Je n'aurai donc été qu'un médium. »

Elle dit : « Pour moi, c'est pareil. Quelquefois, je me relis et ça me fait pleurer. Je me demande comment c'est arrivé, comment c'est passé par moi. Comment c'est possible que ce soit si beau. »

Et là encore, elle est sincère. Et vraiment humble : « Dans un livre, il faut qu'il y ait plus qu'à lire et que l'on doive se résigner à ne pas savoir quoi. »

« Tu sais, Bacon aussi. Comme Matisse, comme moi, il ne sait pas qui peint ses tableaux. »

Marguerite vient de rencontrer Francis Bacon et de l'interviewer pour *La Quinzaine littéraire.*

« Nous parlons de la même chose, Bacon et moi. Les peintres et les écrivains, on se comprend. Lui aussi, ça lui tombe dessus. Comme un accident. Lui aussi, il a besoin de boire. Il m'a dit que Ingres pleurait pendant des heures avant de commencer un tableau. Surtout un portrait. Je lui ai demandé si c'était aussi bête de parler du " bonheur de peindre " que du "bonheur d'écrire ". Il a répondu : " Aussi bête. " On a bien ri ensemble. »

Je ne l'entendrai plus reparler de Francis Bacon. J'oublierai même qu'elle eut avec lui une relation amicale. Marguerite évoque très peu les artistes ou les écrivains qu'elle a connus. Elle ne fait étalage d'aucune amitié intellectuelle prestigieuse. Elle raconte plus volontiers un échange avec quelqu'un d'insolite pour elle ou quelqu'un de riche ou de puissant : un producteur, un banquier. Quand je l'interroge sur son passé avec les écrivains, elle reste évasive. Elle ne semble pas davantage intéressée par les personnalités littéraires contemporaines. Sauf pour les brocarder quand elle détient une bonne formule. Parfois, j'essaie de lui tirer un souvenir : « Et Georges Bataille ?

– Oui, c'était un ami. Je n'aimais pas Sade comme lui. Mais *La Part maudite* est un livre majeur.

– Mais les romans de Bataille, on ne les lit pas sans trembler.

– Ah, ça t'a fait trembler. *La Mère* peut-être... »

Elle n'en dit pas plus long. Elle préfère parler des simples gens. Avec les penseurs, les écrivains, elle détient des secrets qui la trahiraient, ou bien, elle se sent en rivalité. Elle ne veut se mettre sur le même plan avec personne. La vedette, c'est elle. Pourquoi en nommer d'autres ?

Vedette, elle sait qu'elle l'est, bien avant *L'Amant* qui la rend, d'après sa propre terminologie, « écrivain mondial ». (Elle conteste l'adjectif « international », trop usé, trop banal.)

En 1981, nous allons ensemble à Rome. Elle est invitée à la Villa Médicis, où, en débarquant, elle refuse d'habiter : « Un endroit destiné à la création, ça donne envie de fuir. » Elle se fait loger à l'hôtel. Jean Leymarie, directeur de la Villa Médicis, organise quand même pour elle un dîner avec le peintre Balthus, qui fut l'ancien directeur de la Villa. Pendant tout le repas, la conversation rebondit à propos du Centre Pompidou que Balthus abomine. Pour lui, Beaubourg est une hérésie : l'art doit se gagner par une démarche personnelle. Le mettre à la portée de tous constitue une dégradation inepte. Beaubourg est une braderie.

Pour Marguerite, Beaubourg est une merveille : on peut y entrer en masse comme dans une cathédrale, y avoir des illuminations, des épiphanies. Enfin, le peuple accède à l'art.

La conversation vire au duel. La jeune épouse japonaise du vieux Balthus, Jean Leymarie, un ami, ma petite blonde Caroline et Outa, le fils de Marguerite, qui nous accompagnent, tout le monde se tait sans oser intervenir. La moindre opinion redoublerait l'agressivité des adversaires.

Après le dîner, le calme revient, on se repose, mais Marguerite donne vite le signal du départ. A peine le café avalé, nous partons impoliment en groupe, laissant Jean Leymarie, sonné, seul avec le couple Balthus.

Dans la rue, Marguerite s'esclaffe :

« Il fallait faire vite, sinon Balthus allait partir.

– Et alors ?

– La vedette, c'est celui qui part le premier. »

Pendant ce périple à Rome, Marguerite est d'humeur badine. Elle s'en donne à cœur joie d'insolences et de cocasseries, mais dans notre remontée du temps, nous n'en sommes pas encore au récit de ce voyage.

Au début des années 70, un soir d'hiver, à la tombée de la nuit, je rencontre Marguerite à Paris, en haut de la rue Monsieur-le-Prince, assez loin pour elle qui marche peu de la rue Saint-Benoît. Je ne la reconnais presque pas. Ce soir-là, elle ne ressemble plus à une petite fille. Plutôt à une mendiante. A une paysanne fatiguée de s'être perdue dans la ville. Elle porte au bout du bras un curieux cabas en paille. Je ne l'ai jamais vue porter quoi que ce soit, même pas un sac à main. Elle entrouvre le cabas et me laisse apercevoir un tas de feuilles en désordre. Peut-être des brouillons, un manuscrit... Elle dit :

« Ce qu'il y a dedans, tout le monde s'en fout. »

Elle emploie des mots grossiers au-delà de son vocabulaire usuel. Tout la fait chier, Pompidou, la connerie générale, elle-même. Elle répète qu'elle s'emmerde. Elle n'imaginait pas que l'on puisse s'emmerder autant. Elle parle à voix basse presque sans timbre, comme si nous étions suivies par des espions. Je me demande si elle n'est pas ivre, mais sa tristesse s'explique autrement. Je la sens épuisée. Elle dit que la jeunesse l'adore, que les copains d'Outa adorent ses deux derniers romans :

Abahn Sabana David et *L'Amour,* mais en disant cela elle se rassure. Elle souffre du silence de la critique. Ces deux livres, l'un après l'autre, n'ont pas reçu un accueil favorable. Pas même des railleries comme après *Hiroshima mon amour* ou des invectives comme après *Le Ravissement de Lol V. Stein.* Elle dit qu'elle en a marre de la solitude, marre de vivre avec ses poules, marre de Neauphle.

Les lumières des boutiques se reflètent dans ses lunettes. Je ne crois pas qu'elle pleure ou bien c'est le froid qui gèle même les yeux. Nous ne pouvons pas nous attarder. Je n'ai pas l'idée de lui proposer un verre ou un grog dans un café. Je me sens aussi désemparée qu'elle. Ce couffin de paille, ce reflet sur ses lunettes, le soir qui tombe rue Monsieur-le-Prince, c'est l'image qui me revient toujours à chaque fois qu'on la glorifie un peu trop ou qu'on la ridiculise bassement.

Je voudrais la réconforter, mais ce soir-là, ma détresse croise la sienne. Notre belle amie Irène, la femme d'Alain Cavalier, vient de se tuer en voiture. Les années 70 commencent mal dans la difficile retombée de nos élans pour « changer la vie ».

Nous ne ferons que changer nos vies. Marguerite n'est pas une personne à se laisser abattre. Elle cherche de nouveaux combats. Celui des féministes la concerne un moment. On ne voit plus à Neauphle, dans sa maison, que des femmes qui l'adulent. A l'intention des hommes, elle profère quelques imprécations bien senties. Elle affirme que l'intelligence est féminine : « Je le regrette pour les hommes, mais les femmes sont plus profondes, plus vives, plus fraîches, à condition de ne pas être dans le plagiat. » Elle déclare qu'en chaque homme sommeille un parachutiste. Elle se rappelle leurs brimades quand ils corrigeaient ses fautes de grammaire, quand ils lui recommandaient de travailler un peu plus, un peu mieux. (Dans *La Douleur,* elle cite le père de son fils, Dyonis Mascolo : « Toutes les conneries, toutes les idioties, vous les aurez dites. » Plus tard, dans *La Pute de la côte normande,* elle cite Yann : « Vous embarrassez. »)

Personnellement, je n'ai pas de théorie psychologique sur les hommes. Je me soucie davantage de l'oppression sociale qui pèse sur les femmes. Dans la banlieue parisienne, à Gennevilliers, je participe aux luttes pour le droit à l'avortement, mais je ne considère pas les hommes comme des ennemis.

Marguerite me met en garde : « Parce qu'ils te font la cour, tu les crois inoffensifs. » Elle me demande souvent si j'ai éprouvé des passions. Elle doute de mes réponses affirmatives. Je lui donne trop peu d'explications. Non par goût du secret, mais parce que mes romans vécus ne me semblent pas à la hauteur de son imaginaire. Ce serait si fade, si terne à raconter. Je la sens peut-être trop avide des détails crus que d'autres femmes lui confient. Je ne lui dis pas que j'ai souffert, et même si j'évoque une liaison douloureuse, elle me voit toujours triomphale (la reine d'Angleterre ou Madame Pompidou !). Elle conclut toujours : « Tu ne sais pas ce que c'est. »

Un jour, elle m'interroge très directement sur le père des petites blondes, avec lequel je vis : « Et Éric, tu l'aimes ? » Je lui décris toute l'affection et la tendresse qu'il m'inspire et je vois sur son visage une sorte de commisération, mi-pitié, mi-dégoût. Elle soupire : « La tendresse, ah ! là, là. » Elle dit que le mot « tendre » est un mot qu'elle n'emploie pas. Pas plus que le mot « rêve ». « On ne rêve pas, on pense. » Elle dit que l'amour n'existe pas, que seule la passion vaut la peine. Je ris : « Enfin, quelque chose qui vaut la peine. »

Elle ne rit pas, sincèrement désolée que je puisse me contenter d'un sentiment aussi minable que la tendresse.

Pendant cette période sage où je vis en couple avec Éric, je n'intéresse pas beaucoup Marguerite. Les femmes qui ne sont pas perdues ou éperdues l'ennuient. Elle dédaigne une de mes amies particulièrement lumineuse qui plaît à tous. Comme je lui demande la raison de son antipathie, elle répond d'un trait sec : « C'est une séductrice. »

Elle me voit stupéfaite. Aucun terme ne convient plus mal à mon amie dont la simplicité et le naturel composent le charme. Elle ajoute : « La grâce, c'est de ne pas chercher à être autrement que l'on est.

– Justement, dis-je, mon amie est comme elle est.

– Alors, elle est trop à l'aise », conclut Marguerite à bout d'argument.

Elle supporte mal que les gens se contentent de ce qu'ils sont. Pour elle, les séductrices ne sont aimables que si elles provoquent des drames. En cour d'assises, elles seraient adorables.

De temps en temps, Marguerite m'interroge : « Éric, ça te suffit ? » Son regard s'immobilise. Pas moyen de lui échapper. Je lui dis qu'Éric est un homme sûr dont l'amour me réconforte. Elle change très vite de sujet, mais tout aussi abrupte, elle peut revenir à la charge une autre fois. « Éric, il te trompe pas ? » Elle questionne si âprement, qu'elle me fait rire : « Tu crois, toi, qu'il me trompe ? – Eh bien, non », fait-elle, dépitée.

Pour Marguerite, chercher le repos dans l'amour c'est absolument incongru. Et même pitoyable. Elle m'accorde néanmoins quelque indulgence. Peut-être parce qu'elle soupçonne que ma vie n'est pas si tranquille. Peut-être parce que l'animation de ma maison la distrait quand elle se sent trop seule. (« La nécessité géographique. ») Peut-être parce que je suis à moitié juive et que tout ce qui est juif, un peu juif, très juif la fascine. Elle dit souvent qu'elle aurait voulu être juive. Elle s'offusque quand je réplique : « Eh bien, pas moi », ou « Pourquoi ? Pour aller dans les camps ? Pour vivre dans un kibboutz ? » ou autres dérisions.

Alors, elle me toise sévèrement et même assise elle paraît grande. Elle dit que Begin est un « saint » puisqu'il a serré la main de Nasser, que la judaïté est une royauté. Parfois, quand elle parle des juifs, elle s'interrompt drôlement : « Mais de quoi je me mêle ! » Parfois elle dit des énormités, mais si énormes que l'on peut toujours croire qu'elle plaisante. Du genre : « Les Arabes sont des cons. T'as vu ces foules en chemise, ils peuvent pas lâcher leurs robes alors que le monde entier porte des complets veston ! » Elle ne tient pas compte qu'elle pourrait aussi horrifier certains juifs en leur attribuant des caractéristiques raciales. A moi, elle dit : « Tu as l'humour et la mélancolie des juifs. » Et c'est de sa part une gentillesse. Elle dit que nous détestons les mêmes choses. Elle en fait, un jour, la liste, à table : les préjugés, la force écrasante des institutions, la destruction de la nature et des animaux, l'oubli des marginaux (on ne dit pas encore des exclus), le contentement béat.

Sur le point : « destruction de la nature et des animaux », je mollis. Dans les années 70, l'écologie m'est indifférente. Marguerite s'indigne et décrit un monde apocalyptique qui va devenir inhabitable. On touche au sacré : « Tu ne vois rien si tu ne vois pas ce désastre. » Aujourd'hui sa prophétie se concrétise.

Je me souviens si peu de nos conversations de table et pourtant, il y en a eu tant. Parfois, le vin aidant, on allait d'une blague à l'autre. Un soir elle raconte ses démêlés avec l'EDF. Elle se met à chanter : « J'ai deux compteurs », sur l'air de Joséphine Baker « J'ai deux amours ». A la fin du repas, tout le monde chante en chœur les nombreux couplets d'une complainte de l'EDF qu'elle envoie, le lendemain, à l'administration.

Qui est « tout le monde » dans ces années-là ? Toujours les mêmes amis d'Outa, toujours les mêmes amis du cinéma : techniciens, techniciennes et leurs amours et leurs enfants. Aucune exclusive. Aucun protocole. Aucun snobisme. Les dimanches d'été, ça remue partout, on peut être une vingtaine et davantage en se relayant à la longue table du parc : on se croirait dans les films des Actualités, en 36, après le Front populaire. Marguerite trône en bout de table, ravie de cette ambiance « premiers congés payés ». Quand elle est assise, sa courte jupe remonte sur ses cuisses, on voit bien ses mollets de grimpeuse. Quand elle sourit, sa beauté renaît, on voit bien ses dents superbes. Elle irradie, éclatante, et bien qu'elle le nie, elle est heureuse. Aucun écrivain (sauf peut-être George Sand, encore une femme) n'a cette puissance de vie, cette force de créer, en plus d'une œuvre importante, de si généreuses convivialités.

Des acteurs, des actrices, toujours les mêmes pendant un moment, participent à ces repas.

Bulle Ogier a remplacé Delphine Seyrig. Le mari de Bulle, Barbet Schroeder, cuisine comme un chef. Un soir, il cuit un brochet. Marguerite s'écrie : « Ah, ce brochet, je le passe à l'agenda. » Ainsi, j'apprends qu'elle note des points de repère, des bouts de phrases. Et je commence à la copier.

Il y a aussi des gens de rencontre qui passent une fois, ou plusieurs fois, puis plus du tout : une chanteuse allemande, une couturière italienne, des danseurs, des « thésards » américains qu'on va chercher à la gare de Plaisir et qu'elle teste à l'arrivée.

« Comment trouvez-vous ma maison ? »

Celui qui a la maladresse de répondre « charmante » est tout de suite recalé.

« Charmante, ah non ! Tout sauf ça. »

A ceux qui trouvent un adjectif moins banal, elle dit : « Ça va. »

Je me souviens d'un dîner dans le jardin où elle accuse un ami d'être un serpent. Je n'ai jamais assisté à un procès public. La gêne de cet ami, la mienne me sont d'autant plus sensibles que son jugement contient une part de vérité.

Je me souviens d'un dîner dans la cuisine avec notre ami philosophe, François Regnault, où elle déclare que nous sommes tous racistes et qu'il faut le reconnaître. Elle en donne pour preuve qu'elle n'aurait pas voulu accoucher d'un enfant noir, qu'elle n'aurait pas pu l'aimer. Quand elle soulève ainsi de gros lièvres, je me mets moi-même en question. Aurais-je aimé être la mère d'un enfant noir ? François Regnault refuse de telles hypothèses, portes ouvertes aux pires dérives : on doit nier tout racisme en soi, toute compréhension du racisme, quitte à se mentir. Marguerite veut la vérité et n'en démord pas. Les discussions s'embourbent tard dans la nuit.

Au nom de la vérité, elle pourrait tuer. « Il ne faut pas mentir, tout le monde a envie de tuer. J'ouvre le journal et j'ai envie de tuer. La différence entre un nazi et moi, entre un fasciste et moi, c'est que moi je sais que j'ai cette capacité. Je sais aussi que je dispose de correctifs. La naïveté des nazis, c'est de croire qu'ils avaient le droit de tuer. » Elle dit encore : « Écrire, c'est aussi cet appétit de viande fraîche, de tuerie, de consommation de la force. Cet aveuglement. »

Tant de force, trop de force, même quand elle cogne, je sens qu'elle se retient. Elle s'agrippe au rebord de la table. Je ne la revois qu'assise derrière des tables. Parfois dans un fauteuil, jamais sur une chaise longue ni un canapé. Presque jamais debout. Sauf quand elle danse en chantant. « Blue Moon » ou la rumba d'*India Song.* Je possède une seule photo d'elle debout. Elle est accrochée au bras de Yann, au milieu d'un groupe. Instinctivement, elle dissimule sa petite taille. « Toute ma vie a été marquée par cette difficulté : ne me signaler en rien par le vêtement pour ne pas attirer l'attention sur le cas d'une femme très petite. » Alors, elle compense, elle se signale autrement, elle hausse le ton, toujours un cran au-dessus. Dans cette période féministe, elle énonce des généralités sur la « classe phallique » : les hommes sont désuets parce que démagogues, imbéciles parce que incapables d'écouter leur folie, malades parce qu'ils veulent gagner des guerres. Elle dit que les femmes assignées par l'homme à l'obscurité pendant des millénaires en gardent une intuition diffuse, un sens du mystère, du relais, de la fugacité du temps : « N'importe quelle femme est plus mystérieuse qu'un homme. »

Assez vite cependant les hommes lui manquent et elle déclare que tout militantisme est réducteur. Elle n'aura pas été orthodoxe longtemps et même pas du tout puisque pour elle, les femmes sont des mères : « Ne pas être mère fait perdre la moitié du monde. » Elle dit qu'elle n'a jamais désiré être un homme. Elle a seulement voulu qu'on ne l'oblige pas à s'occuper de la maison. Elle s'en occupe pourtant. Je l'entends : « Qu'est-ce que tu fais à manger, ce soir ? » Je la vois peler les pommes de terre, utiliser des poêles, des passoires.

Vis-à-vis des hommes, elle redevient plus ambiguë : « A force d'entendre que les hommes sont nuls, j'ai envie de retourner ma veste en leur faveur. Ils ne peuvent pas être aussi mauvais que ça. »

De toutes ses indignations et réconciliations, je garde un souvenir confus, mais précisément un soir, cette tendre, oui, tendre recommandation qu'elle me donne ou qu'elle se donne à elle-même : « Tu sais, les hommes, il faut beaucoup les aimer, beaucoup, beaucoup, pour les aimer. Sinon, ce n'est pas possible, on ne peut pas les supporter. »

Les groupes de femmes désertent Neauphle. Les équipes de cinéma arrivent. Marguerite dit qu'elle fait du cinéma pour s'occuper, « pour passer l'hiver ». En réalité, elle cherche avec une caméra un dérivatif à sa panne littéraire. Elle joue avec le cinéma. De ce fait, elle innove. Tantôt elle enlève les acteurs (*Son nom de Venise dans Calcutta désert*), tantôt elle enlève même les images (*L'Homme atlantique,* trente minutes sur cinquante d'écran noir). Tantôt elle fait défiler des images de statues (*Césarée*), de rues (*Les Mains négatives*), ou pire : d'eau qui coule (*Aurélia*), tandis qu'elle lit son texte. Alors, sa voix devient le seul apport « cinématographique » à la lecture. Heureusement, sa voix telle une incantation, détient une magie.

Marguerite n'est pas un écrivain qui fait des films comme il y en eut d'autres, de Pagnol à Cocteau, elle est un écrivain qui porte l'écrit à l'écran. Elle rit – et j'ai toujours plutôt envie d'écrire, elle se marre ou elle rigole, tant elle prend un air coquin et populaire quand son langage, ses trouvailles d'expression la surprennent elle-même. Elle se fait rire en parlant comme elle se fait pleurer en se relisant. Là encore, je suppose, elle s'entend comme si c'était quelqu'un d'autre : « Tu vois, je pourrais tourner rien. Des mots. Des choses qui ne tiennent pas debout. C'est ça... Des choses éreintées. »

Elle constate : « Je ne suis nulle part, je suis dans l'incongruité. » Et moi, l'incongru m'enchante, je l'aime sans réserve parce qu'elle est incongrue.

Tantôt, elle se célèbre elle-même : « Je sais que mes films sont importants, même s'ils provoquent des réactions sentimentales », tantôt elle confesse : « A chaque film que je fais, je trouve que ce n'est pas la peine. »

Elle dénigre le cinéma, même devant son équipe médusée. Elle leur dit qu'on est transformé par la littérature, par la peinture, par la musique, mais le cinéma, non, ce n'est jamais aussi grave que l'écriture : « Parce que l'écriture contient tout y compris le cinéma. Un mot contient mille images. » Pour les techniciens, elle est iconoclaste, mais elle les entraîne dans son exploration, elle leur montre la liberté. Son chef opérateur, Bruno Nuytten, dit qu'elle est le premier de cordée, qu'elle lui a fait oublier cinq ans de formation rigide. Le soir à table, Marguerite l'enlace : « Toi et moi, on a des rapports passionnels, hein ? » Elle a évidemment des rapports passionnels avec tous, avec Dominique, avec

Geneviève. Elle est exigeante, mais elle fait confiance et elle aime vraiment ceux et celles qui la soutiennent et marchent à son pas.

Pendant que s'anime Neauphle où elle tourne beaucoup, je voyage.

« Qu'est-ce que tu cherches à l'étranger ? Ce n'est pas la peine d'aller au Mozambique, tout est dans les Yvelines, tout est partout.

– Il n'y a pas encore la lutte armée des femmes dans les Yvelines. Enfin, pas encore.

– Bah, tu vas là-bas parce que tu t'emmerdes. C'est comme moi, avec le cinéma. »

Mais elle prend plaisir sur les tournages et au montage. Elle peut me dire un jour qu'elle fait un « cinéma complètement génial » : « Ça te choque que je dise ça ? Je suis sérieuse », ou bien proclamer qu'elle est dans un « désir de meurtre » avec le cinéma : « Je change tout : le rapport à l'argent, au public. Je m'en fiche que le public ne comprenne pas. »

Quoi qu'elle dise, elle ne me scandalise pas. Sauf une fois, une phrase ni plus lapidaire ni plus tranchante qu'une autre, mais dont je me souviens parce que là, je sursaute. Elle la prononce, naturellement, en passant, à propos de je ne sais quoi : « Ceux qui vivent de données générales n'ont rien de commun avec moi. »

Est-ce sa formulation sophistiquée qui me frappe ou le déni de toute communauté qui m'est particulièrement odieux ? Et pourtant, cette phrase, que je note aussitôt, elle la redira publiquement, elle sera imprimée, et elle ne me gênera plus. Au contraire, son audace me plaît. Qui ose affirmer ses choix personnels sans tenir aucun compte de la société ? Qui ose conduire sa vie, sans autre appui que soi-même, absolument sans filet ? Qui ose affronter une telle solitude ?

Marguerite me répète souvent qu'elle n'est pas modeste parce que la modestie est une hypocrisie, un alibi à la faiblesse, à la paresse. Elle insiste : « Un écrivain modeste, ça n'existe pas. »

On me dit souvent : « Vous êtes trop modeste. » Est-ce encore parce que je ne suis pas un écrivain ?

Dans ces années-là ce n'est pas mon souci. J'ai mis de côté cette ambition d'enfance. Maintenant, je cours le monde, j'élève des enfants, Éric me protège.

Puis, il ne me protège plus. Il s'éloigne. Il me laisse derrière lui, comme il a laissé la mère des petites blondes. Répétition. Douleur de la répétition. Pour la seconde fois, ses filles se retrouvent abandonnées par leur père auprès d'une femme éplorée. Pour la seconde fois, après mon père, un homme s'en va sans se retourner.

Cette année-là, 1975, Marguerite part pour Cannes présenter *India Song.* Les chroniqueurs du festival se gaussent. Ils n'ont jamais vu une vedette en col roulé. L'un d'eux rapporte que des spectateurs l'ont prise pour une ouvreuse. Mais Marguerite, avec sa petite jupe courte, et son gilet de lamé au rabais, gravit l'escalier sous les « flashes ». Honneur gagné. Acclamations. Sifflets. Elle finit toujours par s'imposer.

« Il présentait l'éternité. »

Marguerite résume mon chagrin. Ce raccourci me lancine la nuit, depuis que le sommeil en même temps qu'Éric m'ont quittée.

« Il présentait l'éternité. »

Marguerite ne propose aucun adoucissement. Elle va droit au cœur des mystères.

« On l'aurait cru immuable. Avec lui, les choses pouvaient durer. »

Elle accentue mon regret, mais elle dit la vérité : je n'imaginais pas non plus qu'Éric, ce grand Viking carré, ce bloc nordique pouvait se fendiller. Ses filles qu'il m'avait confiées, mieux qu'un pacte officiel ou une promesse amoureuse, garantissaient l'avenir. Mais l'éternité n'existe pas et Marguerite me laisse seule, comme on l'est tous, devant cette évidence.

Je paye mon aveuglement. Et aussi mes utopies gauchistes. Les portes des journaux se ferment aux reporters trop partisans. Pour Marguerite, un journaliste sans passion n'est qu'un pisseur de copies, mais les directeurs amis m'expliquent : « Ce n'est pas votre talent qui est en cause, ni ce que vous écrivez que l'on peut toujours maîtriser. On craint que vous mettiez le feu dans les comités d'entreprise. » S'ils savaient à quelle pyromane sans allumettes, ils ont à faire. Je vais de clinique réanimatrice en hôpital psychiatrique. Quand j'en sors, Marguerite me délivre des enseignements précieux que je n'entends pas sur le moment, mais qui retentissent et que je transmets à mes amis encore aujourd'hui à chaque rupture, à chaque tournant brutal de l'existence.

Marguerite, d'abord, chasse l'idée que les événements lui arrivent. Elle refuse de les subir, elle s'en fait la thaumaturge. Elle ne s'attarde pas sur l'origine de l'événement, sur son motif, sur son développement, elle le considère plutôt comme le point de départ d'une nouvelle entreprise.

« On ne peut rien faire sans enlever ce qui a été fait. On ne peut rien construire sans avoir détruit. Tu passes ta vie à détruire ce que tu as fait. Ou alors, tu passes ta vie à t'imiter. »

La peur de m'imiter me sauve du dégoût de moi-même, du néant où l'on macère quand on a été rejeté.

Marguerite redonne, à ceux qui l'entendent, mieux que du courage, de l'orgueil. Bien sûr, elle se cite en exemple : « Je prends toujours le pari contre moi-même de défaire ce que j'ai fait. Tu n'as qu'à voir avec mes livres. »

Son œuvre si diverse n'est pas un mauvais exemple. Le départ d'Éric va m'obliger à réinventer ma vie. Mais quand ? Mais comment ?

« Questions imbéciles ! Tu n'es pas un devin. Prends ton temps. On ne perd jamais son temps quand on ne fait rien. C'est très difficile. »

Parfois, je lui rapporte des histoires ou des citations qui vont dans son sens. Elle écoute, elle rit : « C'est ça. »

« Le poète Saint-Pol Roux, quand il dormait, accrochait un écriteau à la porte de sa chambre : " Le poète travaille. "

– C'est ça. »

Mais je meurs de ne rien faire et ma reconstruction va prendre quatre longues années.

L'été, je vis seule à Neauphle comme elle et nous nous promenons. Elle conduit encore elle-même la 203. Elle se laisse guider par le paysage ou elle se fixe un but vague : revoir une lumière sur les blés, retrouver un pan de forêt où passent les cerfs, me montrer le grand cèdre de La Queue-en-Yvelines : « Tu ne le connais pas, il doit avoir mille ans. C'est un arbre millénaire. »

Le mot « millénaire » lui plaît. Elle répète toujours ce qui lui plaît comme pour s'assurer de ce qui lui a traversé l'esprit, pour en vérifier le contenu, la sonorité ou la suggestion.

« Millénaire, tu vois défiler les années, tout ce qui est advenu autour du cèdre pendant des siècles. Pas d'autre trace que lui, cet arbre. Quand il n'y a pas d'écrit, c'est comme si rien n'avait été vécu, c'est terrible. »

Nous découvrons des mots que nous avons retenus, en commun, dans notre enfance : Lac Baïkal, Vladivostok. Des mots aux syllabes qui se heurtent, des noms de terres étrangères. Des noms de tissu aussi : tobralco, shantung, tussor. Un soir, dans la forêt de Rambouillet, le lac prend des reflets nacrés. Je lui dis : « Nacré, c'est le mot et pourtant à l'écrire, c'est la platitude, la connotation faussement poétique, on ne peut pas l'utiliser.

– Donne-le-moi, " nacré ", et je te le rends tout neuf. »

Nous allons aussi dans certains villages parce que leurs noms nous amusent.

« Et si on retournait à Boissy-Sans-Avoir. » Elle rit à chaque fois avec le même entrain : « M'voici Sans-Avoir. » Elle se promène sans intention de repérage, mais elle repère sans arrêt. Elle ne projette rien quand elle compte les mastodontes garés devant le routier de Pontchartrain, elle ne note rien quand nous nous arrêtons au café de Neauphle-le-Vieux, mais elle s'assoira à côté de Gérard Depardieu dans *Le Camion,* et le nom du patron du café, Allione, deviendra celui d'Elisabeth Allione dans *Détruire, dit-elle* comme Marguerite-Victoire Sénéchal des *Eaux et Forêts* porte le nom d'une horticultrice de la région.

On pourrait certainement recenser beaucoup de ces emprunts plus ou moins conscients. Elle exploite Neauphle et les Yvelines comme une terre nourricière dont elle ne perd pas un arpent. Comme elle exploitera, plus tard, la Normandie. Terres fertiles contre celles d'Asie, noyées par les eaux, Marguerite ne cesse de venger sa mère. Chaque livre, chaque film s'édifie contre les eaux du Pacifique. Elle tire parti de tout, des gens qui l'aident, des maisons qu'elle occupe avec son armée de techniciens pour y tourner ses films. Elle se promène le nez au vent et, soudain, elle jette son dévolu sur un pavillon qui domine la vallée : « Vera Baxter habiterait là, son mari serait absent... » Je ne sais pas si elle a déjà imaginé cette femme, Vera Baxter, ou si la villa vient de l'inspirer, mais il lui faut ce pavillon comme il lui faut la haute demeure désertée, au coin de la forêt pour y faire résonner les appels téléphoniques de *Navire Night.* Elle séduit le notaire, le jardinier, les propriétaires. Elle leur dit que les maisons ne sont les propriétés de personne, que toutes les maisons sont des maisons hantées qui n'appartiennent qu'au temps. Elle leur parle sur le même ton, avec la même complicité, la même intelligence parfois sibylline. Aucun ne résiste. Quel que soit son interlocuteur intellectuel ou primaire, riche ou pas, elle ne change pas son attitude. On me dit qu'elle est trop imbue d'elle-même pour se mettre à la portée des autres. Je crois au contraire qu'elle respecte assez les autres pour les traiter pareillement, sans condescendance, sans servilité. Sans les évaluer.

On me dit : « Tu te laisses vampiriser par une provo comique », mais c'est moi qui lui suis redevable, moi qui profite de sa drôlerie, de son regard qui rend le département des Yvelines aussi vaste et mystérieux que l'âme humaine. Comme le mot « nacré », elle peut rendre Neauphle tout neuf.

Grande chasseuse de clichés, elle me fait voir autrement la campagne, les belles demeures dans leurs parcs : « Les gens ne savent pas à quel point c'est ennuyeux, les endroits retirés. »

Sa perspicacité la fait sourire. Elle a souvent cet air malicieux de ceux qui ne sont pas dupes.

Son regard ne se dissipe jamais. C'est vrai qu'elle ne rêve pas. Je n'ai jamais connu quelqu'un de si constamment éveillé. Avec ses lunettes à lourde monture noire, son attention sans relâche, on dirait une chouette qui conduit la 203. Ou une grenouille au cou enflé. Je vois se profiler le goitre alcoolique et j'éprouve le même sentiment que lors d'une visite à Patricia Highsmith, autrefois. La romancière anglaise tapie au fond d'une sombre maison forestière, entre ses bouteilles de whisky et son élevage d'escargots, m'avait fait peur. J'avais pensé : « Si c'est ça, pour une femme, être écrivain, ah non ! » Aucun écrivain homme, même le plus alcoolique, le plus détruit, n'atteint cette solitude. Il a les bars, les putes, la guerre. Son désert n'est jamais aussi nu, aussi secret. J'ai souvent envie d'embrasser Marguerite. Sa peau sent le savon de bébé. Son visage s'éclaire quand je lui dis qu'elle a la peau douce. Je lui offre un petit oreiller de linon aussi doux que ses joues. Elle ouvre lentement le paquet comme cela se pratique dans les familles où l'argent et les cadeaux sont rares. Elle plie le papier d'emballage, enroule le ruban sur sa main, avant d'écarter les feuilles de papier de soie et de découvrir le cadeau qu'elle garde longtemps sur ses genoux, sans rien dire. Puis, elle rit :

« Tu crois que ça m'aidera à dormir ? »

Maintenant, elle se laisse grossir comme une femme qui n'a plus d'amant. Je n'en ai pas non plus. Je lui dis que je n'aimerai plus aucun homme. Et là, ce qu'elle me répond m'ouvre encore des horizons.

D'abord, elle me stupéfie : « Un amant, c'est un détail », mais elle s'explique davantage : « L'amour est toujours là, même si on n'a pas d'amant. L'important, c'est d'avoir cette propension à l'amour. » Elle dit des choses qu'elle va écrire, mais là elle les énonce à point nommé, d'une femme à une autre femme en peine.

Elle dit que je n'aimerai peut-être plus aucun homme, mais que ce n'est pas possible de vivre sans amour sans garder en soi la place de l'amour, la place d'une attente.

Je ne saurai reproduire exactement ce qu'elle me confie dans ces moments où je perds le goût de vivre, mais Marguerite ne perd rien. Je lis ses paroles dans une lettre qu'elle adresse à un homme, à un amour possible.

« Je veux toujours garder un endroit pour y être seule et pour aimer. Aimer on ne sait quoi, ni qui, ni comment, ni combien de temps. Mais garder en soi la place d'une attente, on ne sait jamais, l'attente d'un amour, d'un amour sans personne peut-être, mais de cela, l'amour. Je voulais vous dire que vous étiez cette attente. »

Marguerite ne me cache pas que le destinataire de cette lettre existe. A la limite, il pourrait ne pas exister.

Elle dit : « Ce que je veux raconter, c'est une histoire d'amour qui est toujours possible, même lorsqu'elle se présente comme impossible aux yeux des gens qui sont loin de l'écriture. »

Les mots « possible » et « impossible » semblent les termes les plus récurrents de sa rhétorique amoureuse.

Elle écrit encore à cet amant impossible : « Je suis quelqu'un d'infidèle. Cet amour que j'ai pour vous, je sais qu'il est illusoire et qu'à travers l'apparente préférence que je vous porte, je n'aime rien que l'amour. »

Une nuit, après un spectacle au Théâtre Marigny, elle sort cette lettre de sa poche et la donne à lire, en impromptu, à Gérard Desarthe sur la scène du Petit Théâtre.

« Les grands corps des personnages de Racine, défaillants de désir, les avez-vous vus s'avancer vers vous ? Et où ? Je dis dans ma chambre, la nuit, tout à coup, au son fabuleux de la lecture, en cadence, ils sortent, du noir et traversent le temps. »

Et c'est cela même qui sort du noir, dans le Petit Théâtre. Nous sommes une dizaine, rassemblés là presque par hasard. Je me souviens de la présence insolite du poète Edmond Jabès que Marguerite vient de saluer dans le hall froidement à sa manière lointaine, comme lorsqu'elle n'a pas de sympathie. Peut-être a-t-elle improvisé cette lecture pour lui donner une leçon de poésie ? A la fin de la lettre, l'émotion intense s'exprime par un interminable silence. Je sais que je n'oublierai pas ce moment. Un des cadeaux de Marguerite.

Nous parlons d'amour plus souvent depuis que je ne suis plus « royale » – une séductrice à l'aise – mais une amante délaissée. Pour Marguerite, une femme est toujours un peu, l'une ou l'autre : Anne-Marie Stretter ou la mendiante.

Elle, définitivement ailleurs, possédée, ravie, serait Lol V. Stein ou bien, déclassée, désaxée, la petite dame du *Camion* qui porte à bout de bras une valise vide et fait, toute la journée, de l'auto-stop.

« Oui, elle me ressemble. Je l'envie. Je voudrais occuper mon temps comme elle. »

On rit. Marguerite qui tourne *Le Camion,* cette année-là, 77, dans son grenier à Neauphle, creuse la ressemblance :

« Je la vois physiquement comme moi, sans âge. L'histoire qu'elle raconte aux conducteurs des voitures n'est jamais la même. Chaque jour, elle invente, elle pourrait écrire... Elle est sans nationalité. Elle a celle de la folie. Du non-sens. Elle ne justifie rien, elle avance. Comme moi. »

Comme la petite dame du *Camion,* Marguerite s'oppose à ceux qui disent que le monde est vide et qu'il n'y a rien à voir.

« Les désabusés, je ne les aime pas. Tu peux être désespérée, mais pas désabusée. »

Marguerite se révèle thérapeute. Pour lui plaire, j'aiguise ma curiosité mourante. Je fais semblant de voir la campagne. A force de faire semblant, peut-être, des couleurs reviendront. Elle me montre ce qu'elle a, elle-même, surmonté : « Les femmes de mes livres ont d'autres recours que moi : la beauté en général et une liberté de mœurs et de conduite que je n'avais pas. J'ai été pendant des années – mais quelle femme ne peut dire cela ? – complètement inhibée. Écrire est un très petit recours. »

Elle me demande :

« Tu croyais en ton triomphe ?

– Quel triomphe ?

– Tu étais sûre qu'il t'aimait totalement. »

Marguerite met volontiers les autres face à leur arrogance ou à leur fragilité. Face à eux-mêmes. Non pour les blesser, mais parce qu'elle les aime vulnérables : « Ce sont les seuls réellement vivants. » Mais qui n'est pas vulnérable ? Je l'étais avant qu'Éric ne s'en aille, avant que je ne sois au chômage. A ses yeux, éclopée, meurtrie par l'amour, serais-je moins obtuse ?

La beauté, la profondeur de ce qu'elle écrit sur l'amour résonne fort en moi. Cependant, quand nous discutons, nous ne nous ressemblons pas. Quand je ne réagis pas comme elle, c'est que je ne comprends rien à l'amour.

Elle dit : « Chaque fois que je désire, j'aime. »

En retrait, timidement j'avance : « On peut faire l'amour sans aimer. »

Me voilà, sur ce point, discréditée. Elle s'indigne. Elle passe de la gravité de mon cas à des considérations plus générales sur les mœurs de notre époque vulgaire où l'on brade les corps.

« Le désir est méprisé, saccagé. C'est comme un crime envers les corps. On libère le corps en faisant l'amour tous les jours et en même temps, on le massacre. L'amour, c'est la passion, ou alors ce n'est rien. »

Je la taquine : « Alors, à chaque fois que tu désires, c'est la passion ? Et moi, j'ai le corps massacré. »

Mon bon sens l'horripile. Nos conversations prennent souvent cette tournure : du personnel, une confidence, au général, des décrets – « L'amour, c'est ça... », « L'écriture, c'est ça... » – qui pulvérisent momentanément toute discussion.

Elle mêle, d'ailleurs, les deux, l'amour et l'écriture. « L'un et l'autre ne se rassasient jamais. Ils ne se donnent un objet de désir que pour le dépasser. »

Par écrit, plus tard, elle développe la comparaison :

« Il y a cette même différence entre la jouissance et le désir qu'entre la somme première de l'écrit qui est totale, illisible, impossible à affronter et ce qui à l'arrivée se précise dans un texte civilisé. La sauvagerie, le meurtre, il est dans le désir. La jouissance, comme on le sait, est en quelque sorte son confort. »

Marguerite court vite de son expérience personnelle à la théorie, mais je sens qu'elle détient un savoir de sorcière devant lequel je m'incline :

« Les amours impossibles sont les seuls possibles. »

Je suis encore trop jeune, trop malheureuse ou trop stupide pour accepter d'emblée ce qui me paraîtra, avec les années, si pénétrant, mais je l'écoute comme un gourou.

« Si l'on n'est pas passé par l'obligation absolue d'obéir au désir du corps, c'est-à-dire si l'on n'est pas passé par la passion, on ne peut rien faire dans la vie. »

Ses préceptes se succèdent :

« Si tu n'aimes faire l'amour qu'avec un seul homme, c'est que tu n'aimes pas faire l'amour. »

J'argumente pour le plaisir de la voir parfois douter :

« Si l'on éprouve une passion pour un homme, on n'a pas envie de faire l'amour avec d'autres. »

Elle se soulève de sa chaise, comme offusquée et me laisse à ma place de ver de terre. Je n'ai plus qu'à prendre la mesure de mon tempérament de ver de terre.

Mais aussi à l'écouter sans ironie quand sa réflexion originale provoque la mienne :

« Ce qui reste le plus vrai dans le couple, c'est la trahison. Aucun couple, même le meilleur, ne peut encourager à l'amour. Dans l'adultère, une femme jouit de la crainte et du secret et l'homme y voit un objet encore plus désirable. »

Elle bouleverse mes sages idées reçues. Elle induit un trouble, une perversité que je n'ose pas encore m'avouer. Je plaide pour l'amour sans comprendre que Marguerite emploie indifféremment le mot amour et le mot passion. Pour elle ces deux mots n'ont qu'un seul sens. Quand elle dit : « La tendresse, je n'ai jamais compris quelle place elle pouvait avoir dans l'amour », il faut traduire : dans la passion.

Ma souffrance de l'abandon d'Éric me vaut son indulgence, mais puisque l'amour (la passion ?) n'est pas la seule cause de ma dépression qui n'en finit pas, elle me parle encore comme à une arriérée. Jusqu'au jour où, excédée par sa compassion apitoyée et ses leçons d'amour, je lui confie que j'ai aimé passionnément un homme. Et pour bien faire le poids, je précise : « C'était un homme alcoolique, absolument sans mesure. »

Je la vois se tasser, en arrêt, comme d'autres, en signe d'intérêt, se dressent. Elle attend que j'en dise davantage.

« C'était un homme qui avait l'intelligence du corps. »

Là, je sens qu'elle m'estime. Elle ponctue :

« Je n'ai jamais pu concevoir la sexualité sans l'intelligence. »

Pour la première fois, elle pose enfin sur moi un regard de connivence et, très gentiment, sachant que le chômage m'accable et que je cherche en vain du travail depuis des mois, elle me propose de l'interviewer pour un journal. A ce moment-là, en 1977, on ne se bouscule pas pour recueillir ses paroles, mais pour moi, c'est une chance. Encore un de ses cadeaux, inattendu, délicat. On me prendrait peut-être cette interview dans un magazine féminin.

« Serais-tu d'accord pour un mensuel où nous aurions plus de place ? *Marie-Claire,* par exemple ? »

Elle dit qu'elle n'a aucun préjugé contre la presse féminine, que plus on s'adressera aux femmes sur un mode sérieux, plus le monde, grâce aux femmes, progressera.

L'interview a lieu à Neauphle, chez elle. J'enregistre Marguerite pendant plusieurs heures. Elle surveille les changements de cassettes.

« Il faut tout garder, même les redites, même les silences. Et aussi le tutoiement puisqu'on se tutoie. »

Je connais son goût pour le matériau brut, comme dans *Les Parleuses,* le livre qu'elle a conçu avec Xavière Gauthier, mais dans un journal, les redites et les silences ne sont que des longueurs qui rebutent les lecteurs, comme le tutoiement qui les empêche de s'identifier au questionneur. « Bon, dit-elle, fais comme tu veux. » Elle ne demande pas à lire le décryptage, ni le texte final. Le directeur de *Marie-Claire,* Jacques Garai, loin d'être un admirateur de Duras, serait plutôt réfractaire à

« cette romancière pompeuse ». Il commence par se moquer de ce qu'il lit :

« Quand on a entendu le corps, je dirais le désir, enfin ce qui est impérieux en soi, quand on a entendu à quel point le corps peut hurler ou tout faire taire autour de lui, mener la vie entière, les nuits, les jours, toute activité, si l'on n'a pas connu la passion qui prend cette forme, la passion physique, on ne connaît rien. Dans la passion, on devient poreux, ouvert, troué. On ne peut plus rien entendre d'autre. La passion reste en suspens dans le monde, prête à traverser les gens qui veulent bien se laisser traverser par elle. Je ne fais aucune différence entre la passion de Dieu ou la passion d'un homme. A partir de là, on sait comment se prêter aux autres traversées des choses. A la musique, à l'écriture. A tout en somme. »

Mais plus le directeur lit, moins il se moque. Il lit à haute voix certains passages :

« Ce qui me frappe dans la jeunesse actuelle, c'est que le désir ne prend aucune forme précise. On a envie de faire l'amour, mais on n'a pas envie d'Untel. Tant que le désir n'en passe pas par l'individu on est dans le moule. Une histoire d'amour est autrement plus importante que de coucher quarante-cinq fois... Le néant me semble même un terme trop beau pour l'époque que nous vivons. Le vide est vécu par tant de monde de la même façon, par les hommes, les femmes, les riches, les pauvres. L'Europe vit un ennui mortel. Etc. »

Le directeur termine, conquis :

« C'est tout à fait pour nous, tout y est : l'amour, la sexualité, la famille, la solitude. Bon, la politique, l'écriture, on pourrait couper, mais non, c'est excellent. »

Et il accorde une pagination exceptionnelle à l'interview qu'il titre, en journaliste adroit : *Une histoire d'amour est plus importante que de coucher quarante-cinq fois.*

Ce titre racoleur ne gêne pas Marguerite. Elle rigole : « C'est bien trouvé ! » comme si ce n'était pas elle qui l'avait trouvé.

C'est la première interview où elle évoque « la maladie de la mort ». Cette expression m'avait déjà frappée, un soir, à table. Elle l'avait utilisée à propos du stalinisme. Cette fois, elle dit :

« Il y a une maladie de l'amour qui est une maladie de la mort. Il y a la typhoïde, la tuberculose, le cancer et puis la mort, comme s'il y avait une maladie de la mort. Tout le monde est atteint. L'amour est exception. La seule solution est à l'échelle individuelle. »

Elle attribuera plus tard « la maladie de la mort » à l'homosexualité, puis, plus universellement, à toute impossibilité d'aimer.

Je la vois lire l'interview que je lui ai apportée. Elle s'émerveille de ses réponses : « C'est juste », « C'est bien ça », avec une fraîcheur gamine qui exclut la vanité ou tout au moins qui emporte loin du seul narcissisme.

Avec le même enthousiasme, elle se réjouit que le directeur de *Marie-Claire* m'offre un engagement. Je renâcle un peu à entrer dans la presse féminine.

« Accepte, tu seras sortie du tunnel. »

Et en partie grâce à Marguerite, je retrouve une minuscule place dans la société. Minuscule, mais capitale. J'ai de nouveau un salaire. Je commence à me réveiller moins tôt et dans des brumes moins opaques.

Il me reste à vaincre l'angoisse qui s'insinue à l'improviste et qui déborde au-delà du contrôlable.

« Le tout est de s'y habituer, simplifie Marguerite. L'angoisse dont on croit qu'elle est seulement le lot de quelques-uns, est la chose la plus partagée du monde. Je ne crains plus l'angoisse depuis que je sais que c'est monnaie courante. »

Comme si l'angoisse se jugulait par des raisonnements, comme s'il était possible de l'empêcher de serrer le cou, les poumons, le ventre. Comme si l'on pouvait retenir la nourriture qui traverse le corps et se change en eau. Comme si l'on pouvait commander au sommeil.

Le volontarisme de Marguerite s'apparente parfois à une dénégation naïve. Elle nie ce qui pourrait mettre sa faiblesse en évidence.

Elle dit fièrement qu'elle n'a jamais pris de tranquillisant ni de somnifère. Mais le vin qui coule dans les petits verres, c'est quoi ?

« Depuis ma cirrhose, je ne bois plus.

– Et alors ?

– Je ne m'en remets pas. »

Alors, elle ne crâne plus, elle avoue :

« Il y a un charme très violent dans la détresse de la solitude. Je peux m'asseoir des heures, face aux arbres, sans bouger. Mais ce n'est pas recommandé. Alors j'aime mieux m'entourer. »

Dans la détresse de la solitude, on peut même baptiser ses poules. Je me souviens de certains de leurs prénoms, du temps où Ramona, Josyane, Miss Ellen, les seules à l'entourer, picoraient dans le salon.

« Tu crois que je devrais élever aussi des poules, chez moi ?

– Tu n'es pas faite pour ça. »

Je ris toujours de ses énigmes péremptoires. Si seulement elle savait pour quoi je suis faite. Pour rien ?

Pour m'éloigner comme elle du temps des poules. Elle en parle aujourd'hui avec une certaine sécheresse :

« La solitude est un vieux gadget. On la brandit comme l'horreur même. Or, s'il est un progrès, c'est que les femmes ont découvert la solitude. »

Progrès, si elles découvrent qu'un mari n'est plus la condition sine qua non de leur honorabilité ou si elles ne s'obligent plus à subir un compagnon uniquement par peur de la solitude, mais c'est un progrès qui ne les enchante pas.

« Elles ne savent pas encore... », dit Marguerite dans le vague. Elle aime jouer son rôle de pythie, sans insister. Juste pour intriguer. On est pris par ses points de suspension comme par les prédictions des voyantes.

Il y a peut-être quelque chose à savoir que je ne sais pas non plus, mais, petit à petit, la solitude me paraît moins crochue. Je me sens moins démunie et les amis, qui fuyaient le trop pressant besoin que j'avais d'eux, se rapprochent. Est-ce cela, le progrès, cette force nouvelle que l'on découvre timidement en soi-même ? Cette force à portée uniquement individuelle ?

Ne peut-on plus gravir que son escalier personnel ? Même Marguerite en serait arrivée à ce désenchantement de la politique ? En 77, en cela comme en d'autres domaines, elle est une pionnière.

Elle dit qu'elle ne sera jamais déconnectée de l'ensemble. Parfois, elle dit que ce qu'elle nomme « l'ensemble », c'est Dieu.

« Maintenant, je dis Dieu. Ça change. Puisque le mot est là, c'est pratique. Les gens n'ont pas inventé ce mot par hasard. Quand le mot est là, c'est que la chose est là. Quelquefois, j'esquive le mot Dieu, mais qu'il soit prononcé ou tu, le mot est là. »

Nos promenades se terminent souvent dans les cimetières des environs. A Mareil-le-Guyon, tout près de Neauphle, nous passons le soir, avant de rentrer. Marguerite sait par cœur les noms des sept jeunes soldats anglais enterrés dans ce petit carré clos de murs, isolé dans la plaine. De ce cimetière, on ne voit que le ciel, les nuages. Rien ne dépasse des murs, pas un arbre, pas une ferme, pas un toit, l'endroit paraît aussi irréel que la mort. Marguerite récite comme un poème, les noms des sept jeunes gens tombés du ciel : « Shaw, Williams, Cunningham, Miller, Meddick, Ward, Smith. » Je viens d'aller les relire aujourd'hui. On entend le ronflement des voitures, au loin, sur l'autoroute, mais c'est un bruit indistinct, un océan, des vagues qui déferlent du pays des morts. Elle dit :

« La banalité de ces noms, c'est toute l'Angleterre. »

Elle ne parle pas, avec moi, de la mort. Pas non plus avec d'autres, je crois, à cette époque. Elle n'évoque pas son jeune frère, ni son premier enfant, tous les deux morts avant d'avoir vraiment vécu. Elle les cherche encore partout. Plus tard, en Normandie, elle s'amourachera à nouveau d'autres cimetières anglais.

Au cours de ces promenades, nous nous racontons nos cauchemars, nos insomnies. Je rêve que je lui offre ma tête qui devient une tête de poisson qu'elle met sur sa table de nuit. Ou bien, je lui offre ma tête, mais elle préfère de l'argent.

Elle rit :

« Ta tête, tu ne sais vraiment pas quoi en faire. Mais c'est de ma mère que tu rêves. Elle, c'est sûr, aurait préféré de l'argent. »

Comme Marguerite n'est pas encore très riche, elle ne sait pas qu'elle est avare. Elle l'apprendra, mais ne changera pas. Elle a dans le sang l'habitude de l'économie. Sa nature l'emportera quelle que soit sa fortune.

Elle me raconte un rêve récent. Elle dit : « Pour que tu t'en souviennes. » Parfois, elle souligne ainsi : « Tu sauras que je te l'ai dit », ou : « Cela, tu ne l'oublieras pas. » Quand elle me donne des boutures de menthe anglaise, elle précise sa volonté de faire durer ce qu'elle a aimé. « Comme ça, il y en aura partout, et même après ma mort. »

Je note donc son rêve : elle entend quelqu'un qui joue la valse d'*Eden-Cinéma.* La musique vient d'un endroit derrière un pilier. Elle demande : « C'est toi, Carlos ? » (Carlos d'Alessio, le compositeur de la musique d'*India Song*), mais sa mère apparaît avec une tête de mort. Elle lui dit : « Mais je croyais que tu étais morte », et sa mère répond : « Non, je faisais semblant pour te permettre d'écrire TOUT ÇA. »

Nous nous tenons devant les tombes des sept aviateurs anglais, de ces sept nains serrés les uns contre les autres pour se protéger du froid.

Elle commente son rêve. Je l'interroge :

« TOUT ÇA, c'est *India Song* ?

– Non, c'est tout ce que j'ai écrit qui donne envie d'aimer.

– *India Song* me fait penser à des chambres d'hôtel. A l'amour dans des chambres d'hôtel.

– C'est ça. *India Song* donne envie d'aimer, n'est-ce pas ? »

Elle fredonne la rumba. Je n'ose pas lui demander si elle voudrait être enterrée au cimetière de Neauphle ou ici, à Mareil-le-Guyon. Pourtant, c'est ici, il me semble, près des petits aviateurs, qu'elle devrait enfin se reposer.

Ici, que nous pourrions peut-être nous rejoindre aussi, l'une contre l'autre.

Son esprit doit vagabonder dans ces mêmes zones improbables. Elle n'évoque ni Dieu, ni sa propre mort, mais après qu'une, puis deux nuées de sansonnets ont survolé les tombes, elle dit soudain :

« Je n'aimerais pas qu'Outa vende Neauphle. »

Son côté pratique, en ce moment, m'étonne :

« Oh, qu'est-ce que ça fait ! »

C'est moi maintenant qui l'étonne. Elle rit. Elle répète en riant :

« Ben oui, qu'est-ce que ça fait ! »

« J'ai commencé le tournage de *Navire Night* le lundi 31 juillet 1978. Le mardi soir, j'ai vu les rushes. Sur mon agenda, j'ai écrit : film raté. J'ai dit à mes amis : “ Ça y est, cela m'est arrivé. ” »

Il fait très chaud à Neauphle, cet été-là. Des journées sans air qui portent à l'angoisse. Marguerite a le sens du spectacle. J'ai l'impression qu'elle dramatise, qu'elle cherche surtout du réconfort. On la rassure. Benoît Jacquot, son assistant, lui conseille d'attendre le lendemain matin pour décider de l'arrêt du film.

Nuit d'insomnie, volets ouverts sur la campagne, Marguerite n'est pas la seule à réfléchir. Si ce film s'arrête... mais non, Marguerite ne renonce jamais.

Cette nuit-là, cependant, elle pense : « Cinéma fini. J'allais recommencer à écrire des livres, j'allais revenir au pays natal, à ce labeur terrifiant que j'avais quitté depuis dix ans. J'avais gagné cet échec. Le bonheur devait venir de là, d'avoir gagné. Je me reposais d'une victoire, celle d'avoir atteint l'impossibilité de filmer. Je n'ai jamais été aussi assurée d'une réussite que je l'ai été de cet échec. »

Le film se tourne néanmoins dans le bonheur qu'elle

éprouve au travail en équipe. Il y a de grands repas, le soir, et même le dimanche l'équipe reste à Neauphle pour le plaisir. J'abrite chez moi ceux qui n'ont pas de lit. Pour moi aussi, l'été 78 se révèle celui d'une résurrection. Premier été depuis quatre ans où je peux respirer, manger sans étouffer, sans craindre ou souhaiter la mort. Cette paix qui me semble encore fragile me permet de désirer à nouveau quelque chose et ce désir, c'est d'écrire. Je dis à Marguerite qu'un livre peut-être s'annonce.

« Ah, surtout, ne le montre à personne, il tomberait en poussière. Tu dois garder le couvercle sur la marmite pour que le livre bouillonne. C'est ton livre, le tien, ton seul regard qui doit mener l'affaire. A la fin, le livre lui-même fait sauter le couvercle. »

Marguerite n'a pas l'habitude des métaphores culinaires. Elle me parle en voisine-cuisinière et je ris :

« Tu me donnes des recettes pour écrire ? »

Elle rit aussi, puis redevient grave. Elle ne peut pas s'empêcher de chercher à comprendre ce qui se passe dans cet acte d'écrire, aussi illimité que l'amour.

« Tu comprends, on ne peut écrire que dans une certaine obscurité. Ce n'est pas que tu veuilles l'obscurité, mais elle se referme sur toi. On ne peut pas la violenter. On peut parler d'un film en train de se faire, on ne peut pas parler de l'écrit. C'est comme si on voulait parler de la passion. Ça ne se détaille pas. »

Marguerite s'écoute parler comme pour retenir ce qui émerge de la profondeur de ses pensées. Elle ne s'écoute pas seulement avec satisfaction, plutôt avec curiosité, toujours étonnée par la formulation de ces tumultueuses vagues qui roulent dans son cerveau.

Elle ose dire :

« Je suis inéluctablement intelligente. »

L'assistance tressaille. Et pourtant, l'autre matin, sur le banc du jardin, une douleur passe :

« C'est terrible, ma pensée ne s'arrête jamais. Parfois, ça s'arrête, le temps que j'écrive quelque chose. Et tout de suite, ça repart, ça ne me laisse jamais tranquille. Je n'arrête de penser que lorsque j'écris. »

Son aveu me bouleverse d'autant plus que contrairement à elle, je ne pense que lorsque j'ai un stylo à la main.

Elle me console gentiment.

« J'ai cru longtemps qu'écrire, c'était du travail, mais c'est atteindre le non-travail. C'est être là, tous les jours à sa table, à ne rien faire. Maintenant que je suis sortie du labeur, il y a la négligence totale des contraintes. On m'avait tellement dit qu'il fallait travailler. »

Elle me dit aussi :

« Tu vas mieux si tu t'y mets. Écrire, c'est se tuer, mais plus par la mort. »

Elle ne me demande évidemment pas ce que sera mon livre, mais elle pose une question qui me surprend, car je n'en suis qu'au début.

« Tu as le titre ? »

Il se trouve que le titre m'est venu tout de suite.

« J'ai une idée. Peut-être : *Grand Reportage.* »

Nous sommes dans la 203 et elle se tourne vers moi en oubliant le volant :

« Mais c'est bien. C'est très bien. »

Elle ne réclame aucune explication supplémentaire. Elle vient de me dire qu'il est impossible de parler d'un livre en train de se faire : « Un livre, c'est la nuit. » A moi aussi, les auteurs qui lisent des pages de leur manuscrit paraissent toujours suspects de vanité, de faiblesse.

Pourtant, je voudrais lui parler davantage de mon projet.

« Ce serait le reportage des gouffres que je viens de traverser, mais j'ai peur. Comment raconter cette aventure dont je ne sais, au fond, presque rien ? »

Elle tranche aussitôt :

« Ceux qui savent ce qu'ils vont écrire sont des indigents. »

J'ai peur aussi d'être trop narcissique. En quoi, la dépression que j'ai vécue peut-elle intéresser les autres ?

Alors, elle répète ce que je lui ai déjà entendu dire, mais d'une manière qui m'amuse.

« Plus tu vas au particulier, plus tu vas au général.

– Au général de Gaulle ? »

Elle ne rit jamais quand on parle de l'écriture. Maintenant c'est moi la petite fille devant la grande du pensionnat.

« J'ai peur aussi d'être impudique. Tu crois qu'on peut s'exposer, soi, directement comme je le fais ?

– C'est que tu n'as plus le choix. Il faut être fou pour exposer, comme ça, son écriture. Se mettre dans le livre et vendre le livre. Il y a plus de pudeur chez la pute du bois de Boulogne qui se montre toute nue. Écrire est plus impudique. On le fait très naturellement quand il n'y a plus le choix. »

Je lui cite Cocteau : « L'impudeur est notre héroïsme », et Thomas Bernhard : « Seul écrit celui qui n'a pas de pudeur. »

Plus sensuelle, plus audacieuse, Marguerite sursaute comme si elle voulait dépasser tout ce qui a déjà été dit :

« Moi, l'indécence, je ne sais pas ce que c'est. »

Pour elle, aimer et écrire se vivent dans la même

nudité, dans le même inconnu. « Dans le même défi de la connaissance mise au désespoir. »

Un jour, elle demande à ma petite blonde Nathalie :

« Tu écris, toi ? »

Nathalie répond qu'elle écrit son journal.

« Ben, oui, tu es normale. Je me demande comment tout le monde n'écrit pas. Comment c'est possible de vivre sans écrire. Dans un monde fini, explorable, l'homme n'écrirait pas. Je dis : écrire comme je dirais vivre. »

Et en 78, Marguerite revit. La panne de l'écrivain se termine. Dans *Le Navire Night*, l'absence et le désir, les ingrédients inséparables et essentiels de son œuvre, se conjuguent, mais filmer ce défi : le désir entre deux personnes au téléphone, cet exploit n'est plus, pour elle, qu'un pis-aller de l'écriture.

Elle le fait quand même, la production et l'équipe attendent. Et l'imprévisible : on ne sait jamais.

Ambiance de grandes vacances que le mois d'août accentue. Le cinéma procure à chacun, sur le plateau, une occupation à court terme qui rend l'esprit juvénile. Si le film doit être raté, personne ne s'en afflige à l'avance. Ce qui prouve bien que filmer est moins tragique qu'écrire. L'écriture isole, le cinéma rassemble et l'été se passe gaiement autour du *Night*.

Bien avant le Minitel rose, elle invente ce bateau fantôme qui sillonne la nuit, chargé des appels du sexe. Elle dit : *Le Night*, elle invente même le style de son style. De ce titre inspiré, *Le Navire Night*, elle trouve la façon élégante et drôle d'en parler.

Marguerite a l'élégance naturelle. Toutes les élégances de la conversation, bien sûr, mais aussi celle des vêtements. Je revois sur des photos, la veste jacquard, la saharienne verte, la recherche des couleurs entre la jupe, le col roulé et le gilet très assortis ou contrastés, l'ensemble de toile de lin bleu ciel, et bien avant que je la connaisse, dans sa toute jeunesse, les tailleurs bien coupés, les robes fluides sur sa taille souple, les cols blancs, les boutons bien choisis. A cette époque, on la croirait habillée par les grands couturiers. C'est peu probable. A moins que de riches relations secrètes lui aient donné quelques rebuts de garde-robes ?

Je regrette de ne pas l'avoir interrogée sur cette période de la guerre dont elle parle peu. D'instinct, je devine ses territoires gardés et respecte ses silences. En 1940, elle a vingt-six ans. Est-ce elle déjà qui coupe et coud avec tant de précision ? Même en Indochine, elle sait déjà ce qu'est le chic. Certaines femmes, comme elle, ont le chic inné.

Elle ne va dans aucune boutique, ne consulte aucun magazine, elle remarque ce que portent les amies d'Outa, les assistantes, les actrices, les journalistes. Elle se renseigne : « C'est en laine ? Ça coûte combien ? Où l'as-tu eu ? » Elle repère aussi vite qu'une chroniqueuse de mode ce qui est nouveau et quand c'est nouveau, elle dit : « C'est Saint Laurent », même si ce n'est pas Saint Laurent. On ne la contredit pas. On la désolerait pour rien. Si elle préfère Saint Laurent, c'est le fin du fin.

Quand un vêtement lui plaît, elle l'essaye. Parfois, elle veut le garder. Elle le veut impatiemment, comme un enfant veut un cornet de glace. On ne résiste pas à son appétit émerveillé. Des visiteuses et même des visiteurs – car elle apprécie aussi les vêtements masculins – quittent Neauphle en lui abandonnant une écharpe, un cachemire, une veste de trappeur. Mon amie brésilienne Violetta, naturellement élégante comme Marguerite, repart dépouillée de son poncho, mais Marguerite fera toujours l'éloge de Violetta qui sera toujours ravie du destin de son poncho. Honni soit qui voit du mal à ces rapines qui sont aussi des offrandes. Marguerite n'est-elle pas la Madone de Neauphle ? Des femmes du village pleurent dans ses bras, se lovent contre sa poitrine certains soirs de fête un peu trop arrosés. Un soir de Noël, notamment, dans mon grenier où Marguerite, assise par terre, est bloquée par deux pleureuses quasiment couchées sur ses cuisses. Elle finit par supplier :

« Enlevez-les-moi. Ah, qu'on me les enlève, j'en ai marre qu'elles m'adorent. »

Marguerite se juge physiquement banale. Elle qui voit presque tout au-delà des apparences, se trompe sur elle-même. Elle n'est jamais banale. Belle, parfois très belle, une lumière, une musique. Puis, presque horrible, batracienne lorsque l'alcool gonfle son visage et son corps. Ensorcelante ou sorcière. Mais même alourdie, elle présente des éclairs, des envols, une fraîcheur fugitive qui émeut et que l'on voudrait retenir.

Elle se dit banale, mais elle parle de la noblesse de la banalité, et à un âge avancé, elle ne doute pas que des hommes puissent encore la désirer. Peut-être pas grâce à ses charmes physiques, mais parce qu'elle est un grand écrivain célèbre. Le seul qu'elle situe à sa hauteur serait Samuel Beckett.

« Tu sais, Beckett et moi, on peut baiser jusqu'à quatre-vingts ans. »

Et c'est probablement vrai. Et Yann, deux ans plus tard, en 1980, l'année de ses soixante-six ans, deviendra, à vingt-sept ans, son amant.

Elle me dit :

« Curieux que tu te préoccupes de l'âge. Je n'y ai jamais pensé. L'âge ne compte pas.

– Toi, tu nies l'âge. Pourquoi n'y-a-t-il aucun homme, aucune femme âgée dans ton œuvre, sauf la vieille dame qui évoque ta mère ? »

Ma question lui paraît presque une offense.

« La vieillesse ? Ça ne m'intéresse pas. »

Elle n'a pas encore écrit *Savannah Bay* où Madeleine Renaud – toujours inspirée par sa mère – est dans « la splendeur de l'âge ». En 78, Marguerite est donc encore jeune.

Pendant toutes ces années, je ne prends qu'une photographie d'elle. Elle se tient exceptionnellement debout, devant la porte de sa maison, rue du Docteur Grellière, entourée de nos enfants : Outa, Caroline, François et son amie Valérie, qui deviendra la mère de mes petits-enfants. Une seule photo et c'est une photo de famille.

Je n'ai commencé à utiliser fréquemment mon Nikon que lorsque nous ne nous sommes plus vues. Et tant mieux. Ma mémoire se serait accrochée à ces instantanés et s'en serait peut-être contentée. Comme les adultes qui ne se souviennent plus de leur enfance que par les images collées sur le vieil album.

Sans l'appui des photographies, la mémoire, obligée de passer par l'oubli, s'exacerbe. Je vivais près de Marguerite sans capitaliser les souvenirs. Maintenant, je les fais revenir. Ils se présentent en désordre. Flous, hétéroclites, incomplets, ils ont traversé la nuit. Ils en transportent l'ombre.

« On voit une fleur, un jour, une rose, on l'oublie – elle passe par la mort – on la revoit ensuite, on la reconnaît et on l'appelle Anne-Marie Stretter : le parcours de la rose depuis la découverte jusqu'à ce nom... C'est l'écrit. »

L'écriture nous ranime en cette année 78, si marquante pour elle et pour moi.

Marguerite va tourner quelques petits courts métrages, mais si elle utilise encore quelques chutes de pellicules de *Navire Night* et même si, plus tard, elle filme *Agatha* ou *L'Homme atlantique,* elle n'a plus aucune illusion sur son cinéma. Elle dit carrément :

« Maintenant, mes films, ce sont des livres. »

Elle va même encore plus loin. En 81, elle fera à Montréal des déclarations fracassantes qui sont publiées dans un recueil dont elle me recommande la lecture sur un ton gourmand :

« Tu verras, je n'y suis pas allée de main morte. »

En effet, j'y vois Marguerite en pleine sauvagerie, dans une liberté que lui donne peut-être le dépassement des frontières de la France. Au Canada, elle met chaque questionneur au tapis par KO. Et sur le cinéma, elle est meurtrière.

« Écrire, cela a affaire avec Dieu, à une prémonition très troublée, très troublante de Dieu. On croit qu'on peut régir le monde, qu'on peut faire tourner le monde à son propre moteur, à sa propre intelligence. C'est très exaltant, très démolissant, on est très esquinté après. On ne va pas comparer cette petite merde qu'est le cinéma avec des émotions comme ça. »

Nous sortons de nouveau, la nuit, à Paris. Nous allons au Pigall's écouter Anna Prucnal, avec Nathalie qui vient de rentrer des États-Unis et un nouvel ami, Isi, dont Marguerite s'est d'abord méfiée parce qu'il est psychanalyste, mais qu'elle a adopté parce qu'il est juif.

Anna Prucnal chante, après Yvonne Printemps :

Je ne sais pas ce que l'on pense
Je ne sais pas ce qu'on l'on dit...

Et en rentrant en voiture sur la route de Neauphle, nous chantons ensemble :

Au cinéma, pour qu'on qu'on vous lance
Être soi-même, c'est interdit...

Puis, Marguerite chante en solo avec un charme à la Marlène qui ne vient pas uniquement de sa voix mélodieuse mais aussi de cet alliage sensuel d'innocence et de malice, d'espoir et de nostalgie. Marguerite chante et s'enchante. On dit qu'elle s'adore. Il me semble plutôt qu'à chaque instant, elle se découvre.

« Ma vie ne rejoint pas ce que j'écris. Je ne sais pas qui écrit. Je suis jalouse de celle qui écrit, je suis jalouse de ce que j'écris, que ma vie ne puisse rejoindre ça. »

Sur la route cette nuit-là, elle se rappelle le répertoire d'Yvonne Printemps :

Je passais aux Tuileries
Quand dans une allée fleurie...

Ma mère aussi ressemblait à Marlène et chantait : « Quand dans une allée fleurie. » Mais avec une voix d'opéra.

Le ciel des Yvelines devient immense et le monde magnifique.

Chansons encore un autre soir avec un autre ami, Bertrand, qui tient la critique littéraire au *Monde.* Nous montons la sente du Vieux-Moulin et dans la pièce que Marguerite nomme pompeusement son salon de musique parce qu'il s'y trouve un piano, Bertrand se met à jouer à quatre mains avec elle. Marguerite chante « Blue Moon », « Moon over Miami » ou « Stormy Weather ». Bertrand fredonne, l'accompagne. Le jazz, leur sens immédiat de la musique les réunit. Bertrand se montre délicieux et Marguerite exquise, tous les deux au mieux de leur art de séduire qui n'est pas débutant. Je les imagine, éblouis de leur rencontre, de leurs talents réciproques, mais le lendemain Marguerite a oublié le musicien et juge le critique.

« Il ne m'aime pas. Il est dans une imbécillité théorique. Il censure, il légifère. Je le vois comme dans un retard. »

Du cas du malheureux Bertrand, elle passe comme d'habitude à la généralité : tous les critiques.

« Ils disent : " Ah, comme on préférait quand elle était simple. " Pour avoir accès à la littérature, il faut qu'une femme devienne un homme, qu'elle en passe par cette singerie. On a parlé de mes livres comme de livres de femme pendant vingt ans jusqu'au jour où j'ai refusé de répondre aux questions qui portaient sur le fait d'être femme et d'écrire. J'attire la misogynie. Je suis connue pour de mauvaises raisons, autour de ce que je fais, mais pas de l'intérieur. Ça se fera après ma mort. »

Puis l'ensemble des critiques ne suffit pas à épuiser sa vindicte. La diatribe monte d'un cran et vise maintenant la totalité du genre masculin.

« L'activité théorisante, castratrice de l'homme réduit le matériau littéraire. Les hommes n'ont pas de vraie curiosité. Ils ont une culpabilité. Ils ne sont pas forts, ils sont turbulents. Leur faiblesse tient à cet assouvissement qu'ils connaissent dans l'amour physique. Tu vois ? »

Dans ses textes, elle écrit souvent « Vous voyez ? » Est-ce une respiration pour elle ou pour son interlocuteur ?

« Tu vois, les hommes sont fatigués, un peu malades, un peu suicidaires. L'avenir est féminin. Je dis ça tristement parce que j'aimerais bien qu'ils soient des deux genres, mais ils sont malades, de cette maladie-là, la virilité, encore et encore. »

Souvent ses colères tombent d'un coup comme si elle s'était débarrassée d'une rage.

« Ce qui me donne envie de pleurer, c'est ma violence. »

Elle peut même alors changer de registre, reprendre

son discours à l'envers, se sentir plus légère, et rire de ses propres emportements.

« Mais les hommes, je les aime, je n'aime que ça. J'aurais pu en avoir cinquante à la fois. »

Aperçoit-elle dans mon sourire un peu d'ironie ?

« Oui, vraiment, j'ai appartenu à des hommes. »

Ce titre de gloire la laisse, elle-même, songeuse. On comprend qu'elle attire la misogynie. Sa voracité, sa force lucide ne font pas sourire les hommes. L'un d'eux, peut-être plus fragile que d'autres, la surnomme « la castratrice chauve ». Son humour de castrateur chevelu l'égare, Marguerite n'est pas chauve et chaque genre se sent castré par l'autre. C'est même ce que l'on pourrait appeler la loi du genre. L'autre étant l'éternel bouc émissaire de notre mal à vivre et à mourir.

Des spécialistes de la castration, des psychanalystes, j'en fréquente beaucoup pendant mes années de dépression. Je les invite à Neauphle. Eux, contrairement à la généralité des hommes, n'ont pas peur de Marguerite et même, ils l'aiment.

A l'instar du maître Lacan qui l'a publiquement distinguée, ils apprécient sa science inconsciente, j'allais écrire infuse, de la frustration, du manque, de l'oubli. Elle est orfèvre en leur matière première. Pourtant, elle ne leur rend pas leur bienveillance. Elle leur dit qu'elle ne croit pas à la psychanalyse. Pire : « Ceux qui en sont la proie, sont atteints d'un narcissisme aigu et ne s'en sortiront pas. » Elle a elle-même essayé. Très peu. Quelques séances, juste pour vérifier que la psychanalyse ne pourrait l'aider en rien et même serait néfaste à son terreau d'écrivain. Les « psys » qui la vénèrent, l'approuvent : elle a « son écriture », elle n'a pas à se situer pour ou contre la psychanalyse, elle est « dedans », ontologiquement dedans. Ils se l'annexent, même si elle les renvoie à leur divan.

Et comme ils l'aiment en dépit de ses anathèmes, elle finit par les aimer aussi. Elle danse avec eux le soir, dans le grenier. Avec Daniel, Pierre ou Jean-Pierre, dans le tourbillon de la vie. Elle leur dit que « le large de l'intelligence est dans l'incompréhension », mais elle estime leur intelligence.

« Ça ne m'intéresse pas d'éclaircir ce qui n'est pas clair encore pour moi. Ce que j'essaye de fixer, c'est l'obscurité même. »

Mais elle renverse les rôles, c'est elle qui les écoute.

« Je suis la dernière à savoir ce qui se passe dans l'organe mental. »

Eux n'en pensent pas moins qu'elle sait et même qu'elle sait qu'elle sait.

Avec Isi, elle parle. Interminables discussions sur la perversité de l'âme humaine, sur le fascisme, sur le génocide des juifs. Le film *Portier de nuit* de Liliana Cavani suscite des interrogations en cascade. Marguerite est fascinée par l'histoire de cette jeune femme déportée qui, dans le camp de concentration, la tête rasée, couche avec un SS, son bourreau.

Tous les samedis soir quand nous dînons ensemble, elle revient sur *Portier de nuit.* Jusqu'au malaise. Avec Isi, elle trouve une oreille de « psy », fine et patiente que rien ne choque. Il la laisse aller à ses divagations, à sa complaisance intense, à sa jouissance de cette histoire.

En fait, elle commence à entrevoir ce qu'elle va écrire : *Aurélia,* Aurélia Steiner, la jeune fille juive de Melbourne, de Vancouver, la jeune juive de la diaspora, c'est-à-dire, de partout, qui va faire pénétrer son corps par un amant allemand.

Il faudra la publication de son livre *La Douleur* pour que j'apprenne en lisant le texte « Ter, le milicien » qu'elle a été, elle-même, à la fin de la guerre, une résistante attirée sexuellement par un agent de la Gestapo.

Elle dira plus tard, en 83 :

« Qu'est devenu le phénomène concentrationnaire, le phénomène fasciste ? Du cinéma porno. Tous les viols sont faits par des fascistes. La jouissance est donnée par des SS. Ça rejoint la faculté de subissement qu'il y a dans la sexualité. Être battue par un homme, bon, c'était déjà là depuis longtemps, mais être battue par un SS, un meurtrier, c'est une délectation supplémentaire. Ça, on ne pourra jamais l'éviter. Et je trouve ce phénomène normal, finalement. C'est une bonne fin pour le fascisme. Il faut bien qu'il finisse quelque part. Dans un charnier. Son charnier sera le bordel ou la perversion, la perversion sexuelle. C'est-à-dire la maladie. Je pense qu'il y a quelque chose de juste là-dedans, comme un équilibre. Je ne suis pas du tout à m'en effrayer. »

Marguerite souvent visionnaire, souvent confuse, les discussions d'autrefois pourraient reprendre. Il n'y a pas de fin pour le fascisme. Pas plus que pour la perversion sexuelle. Et il y aura toujours de quoi s'en effrayer. Si Marguerite ne s'effraie de rien, c'est parce qu'elle jouit de la douleur. D'où sa glorification de la passion, qui peut faire bien souffrir. Suprême instrument de torture. Quand elle va retrouver Jarlot, l'amant infidèle, elle dit :

« Je vais à l'échafaud. »

Et elle l'adore. Comme une mystique, elle marche allègre sur le chemin de croix.

Cette année-là, la douleur d'Aurélia l'attend à Trouville. Elle quitte les rosiers de Neauphle pour le sable des plages, pour la mer à l'infini.

Adieu les « psys », elle les laisse derrière elle, sans retour, comme elle a dit adieu à l'Indochine, aux communistes, aux gauchistes, aux féministes, au cinéma. Terres promises, puis terres inondées, dévastées. Seule l'écriture insaisissable lui échappe, donc lui reste.

A Trouville, elle affronte, sans boire d'alcool, la solitude. C'est de nouveau l'ascèse de l'écriture. Elle dit :

« Quand on fera l'histoire de mes écrits, on verra que j'ai recommencé à écrire avec *Aurélia.* »

Elle en appelle de plus en plus à Dieu : « Je ne crois pas en Dieu, c'est une infirmité, mais ne pas croire en Dieu, c'est une croyance. » Elle le cherche de son balcon de Trouville en scrutant l'horizon. Elle ne voit que les fumées du Havre et les enfants sur la plage qui font des pâtés. De ce vide à l'infini devant ses yeux, elle tire l'écriture. Elle devient Aurélia, la jeune fille juive. Elle a dix-huit ans, elle écrit des lettres, depuis des villes maritimes de l'autre côté du monde. Elle dit :

« Entre Dieu et l'infini, la différence est formelle. S'il n'y avait ce malheur originel, organique de l'homme, à savoir qu'il n'a aucun moyen de concevoir cet infini dans lequel il baigne, l'homme ne serait pas fondé. Il est fondé sur l'insondable, l'inconnaissable, l'inconcevable. Et interminablement. Écrire, c'est traduire ça, le mortel dans la vie. C'est une tentative déraisonnable. »

Sans déraison, sans passion, Marguerite ne peut pas vivre. Elle n'a plus d'amant. Elle a tué Anne-Marie Stretter. Elle ne croit plus au cinéma.

Piaf chante : « Sans amour, on n'est rien du tout », et à Trouville, en 80, Marguerite ne serait rien du tout si elle ne se faisait renaître en Aurélia, par Aurélia. Elle est à la fois la jeune fille et l'auteur de la jeune fille.

L'une s'adresse au monde et l'autre à un homme, à un amant possible. Et les deux se confondent. Dans son œuvre, il y a toujours ces glissements, ces ricochets qui parfois déroutent. Marguerite me laisse percevoir l'identité du destinataire réel des lettres d'Aurélia :

« Benoît, j'aurais pu l'aimer. »

Elle vit avec lui ; « l'histoire d'amour toujours possible même si elle paraît impossible à ceux qui sont loin de l'écriture ». Elle lui écrit par l'intermédiaire d'Aurélia : « Cette chambre aurait pu être le lieu où nous nous serions aimés, elle est donc ce lieu-là, le lieu de notre amour », ou encore : « Il s'agissait d'un amour qui attendait la mort sans la provoquer, infiniment plus violent que s'il avait été vécu à travers le désir. »

Cet amour impossible – le seul possible – lui redonne la force d'écrire, donc de vivre. Comme les saints sont les intercesseurs de Dieu, l'amour est celui de l'écriture.

Après la mort de Marguerite, à une question posée par *Les Cahiers du Cinéma* sur la nature de leur relation, Benoît Jacquot répondra simplement :

« Elle a dû m'aimer. Comme un amant qu'elle aurait pu avoir. »

Je lui téléphone à Trouville :

« Comment ça va ?

– Je m'ennuie.

– Comment est le temps ?

– Nul. Va avec l'ennui.

– Tu lis ?

– La Bible. Et toi ? Tu devrais reprendre Pascal, ne jamais le lâcher. »

Elle parle des juifs, de leurs cadavres sans sépulture qui se diluent sur la planète.

« Les juifs morts, on peut les appeler partout, se recueillir partout, au bord des fleuves, sur les routes, dans les capitales. »

Elle parle des camps de concentration, de ces lieux continentaux à l'intérieur des terres, brûlants en été, glacés en hiver. Des lieux très loin de la mer.

Je sens qu'à Trouville, la proximité de l'eau la désaltère.

« Tu n'écris pas ?

– Si, un peu. C'est pénible. Parlons de choses plus gaies. " Gai ", les pédés nous ont pris ce mot. Ils prennent tout. C'est pourtant un beau mot : gai. Oui, quel beau mot. »

Elle rit. Elle a le rire facile.

Je retrouve le dialogue de ce coup de téléphone dans un carnet. Sans doute l'ai-je noté parce que Marguerite n'est plus à Neauphle et qu'elle me manque. Avant qu'elle ne parte pour Trouville, j'avais noté, au contraire : « Je m'éloigne parfois, même au milieu d'une conversation. Je me rends sourde comme pour ne pas retenir ce qu'elle dit, par peur de tomber sous son empire. »

Une certaine résistance plaît à Marguerite, mais elle remarque :

« C'est fou parfois ce que tu es distraite. »

Néanmoins, elle m'adresse une journaliste suisse qui réalise une émission de radio sur elle et qui me rapporte :

« C'est elle qui m'a conseillé de venir vous questionner. Elle dit que vous la recevez cinq sur cinq. »

Marguerite n'a pas le langage radio, mais sur le fond, je suis rassurée. Elle dit :

« Je préfère ceux qui ne comprennent pas ce que je fais à ceux qui me comprennent mal. »

Ses rires me manquent. Pour les entendre, j'écoute la bande magnétique d'un entretien avec une étudiante qu'elle m'avait demandé d'enregistrer. Son rire résonne dans la pièce où je travaille. Comme c'est gai. Je l'entends :

« On ne commence à écrire vraiment qu'en perdant sa propre trace. Ce n'est qu'à partir de *Moderato Cantabile* que j'atteins comme une donnée générale de l'écrit. Ce n'est plus seulement de moi. D'ailleurs, mes textes ont été beaucoup repris : des chapitres, en partie ou en entier, que j'ai retrouvés dans d'autres livres comme si ces textes n'étaient de personne et ça m'a fait très plaisir. *L'Homme de Lahore,* ça a même été un titre. »

Là, son rire fuse, clair, enfantin.

« Je voudrais parler d'une conséquence de ça, ultime. Bon, une fois un livre fini, je ne sais comment il s'est fait et je pense que, quand je mourrai, je ne saurai pas ce qui s'est passé et que ça aussi est une définition de l'écrit. »

L'étudiante lui demande si elle écrit des romans d'amour.

« Le roman traditionnel balzacien avec des péripéties, ah, non ! »

Là, le rire moqueur s'égrène dans la phrase.

« Tout le dix-neuvième siècle est fait de ça. Stendhal est plus mystérieux, j'adore Stendhal. Je n'aime pas Balzac. »

Elle rit, elle rit souvent pendant cet entretien. J'entends aussi souvent cette petite phrase : « Tu me donnes un peu de vin. »

« Il n'y a pas de roman sans amour. Dans mes livres, l'amour est là d'emblée, mais ce n'est pas en tant qu'amour qu'il est décrit, c'est en tant que scandale, dans sa portée dans la société qui est phénoménale comme la peste, comme le feu. »

Elle interpelle le mari de l'étudiante.

« Et toi ? Je ne peux pas parler de la passion avec ceux qui ne la comprennent pas. Et avec ceux qui la comprennent, ce n'est pas la peine que j'en parle. »

Le rire devient plus lourd. Avec le mari, elle se radoucit. Il est canadien, mieux, il est de Saint-Pierre-et-Miquelon. Aussitôt, elle se passionne : « Le froid ? Les naufrages ? L'endogamie ? »

« C'est comme une légende, ton pays. »

Marguerite s'intéresse vraiment aux personnes qu'elle rencontre. Elle les interroge, elle ne les traite pas comme des échos de sa propre voix. Elle n'a pas l'indifférence des stars, même si on vient l'interviewer comme une star.

« Je n'ai jamais fait de concessions, mais comment dire, j'en fais encore moins (rires). Il faut toujours jouer la chance. Tout risquer. Je te dis pas ça parce que j'ai un peu bu. »

Elle alterne le ton complice et le ton magistral. Au milieu des rires, elle décline à l'étudiante des explications fondamentales :

« L'amour ? Il faut que tu comprennes, c'est ma passion pour Anne-Marie Stretter qui me fait écrire sur elle, mais c'est l'écrit qui me fait écrire, c'est la passion de disposer d'un moyen de rendre compte de ma passion, c'est l'espèce de créneau que trouve l'écriture. Ce n'est pas directement ma passion où tout le monde écrirait. J'aimerais mon voisin, je ferais de la littérature. Non, c'est la capacité qu'on a de rendre compte de la passion de ce voisin pour une tierce personne. C'est de s'introduire dans les affaires du monde dont je sais que c'est mon pouvoir, si j'ai un pouvoir. C'est ici, à Neauphle-le-Château, m'introduire dans l'ambassade de France à Calcutta. Et puis voir une réception. Entendre le cri du Vice-Consul. Ce déplacement de soi vers l'écrit, c'est l'écrit même, c'est très méticuleux. Tout est logique dans ce que j'écris. Jamais je ne me trompe et pourtant tout est faux. Je n'ai rien inventé. J'ai simplement inventé le prétexte de raconter. Alors, tout est vrai aussi. Il n'y a qu'une personne qui n'est pas vraie, c'est Lol V. Stein. Je pense que Lol V. Stein, c'est moi, donc je ne pouvais pas l'inventer. La mendiante, c'est vrai ; le Vice-Consul, c'est vrai ; Anne-Marie Stretter, c'est vrai ; le Mékong, c'est vrai ; Calcutta, c'est vrai. La seule chose qui n'est pas vraie, c'est moi. Le problème depuis le commencement de ma vie, c'est de savoir qui parlait quand je parle et s'il y a invention, elle est là. »

L'étudiante, estomaquée, parle de l'emploi de la troisième personne chez le linguiste Benveniste.

Marguerite s'esclaffe :

« C'est trop calé, ça ! »

Elle se tourne vers moi.

« Où c'est que t'en es dans la cassette ? A combien de la fin ? Elle a encore beaucoup de questions ? Tu me donnes un peu de vin. »

Elle dit à l'étudiante :

« Cet entretien, tu pourrais l'appeler : “ Qui parle ? ” »

Puis, à moi :

L'Amie

« Si on faisait, ce soir, des pâtes à la tomate ? »

Cette conversation a été enregistrée le 24 juillet 1982.

Souvent, après de longues conversations répétitives sur le même sujet, Marguerite propose un enregistrement.

« Ce serait trop bête que ça se perde. Parfois, j'ai du génie. »

De temps en temps, elle me dit :

« Tiens, je te raconte ça pour que tu t'en souviennes. »

Elle me donne un camélia :

« Si tu le fais sécher, tu le garderas jusqu'à ma mort. »

« Tu ne vas quand même pas aller à “ Apostrophes ”. »

Marguerite, sévère, ne plaisante pas. Au début de l'année 80, elle ne s'est pas encore remise à boire. Elle s'est déjà arrêtée, elle a déjà rechuté. Son abstinence aggrave son intolérance. Elle se range, pour la deuxième fois, à l'avis des médecins qui ont diagnostiqué une cirrhose du foie, mais elle déteste sa sobriété comme toute obéissance.

« Tu ne vas pas te plier à cette vulgarité. Moi, je ne refuse pas les photographies, mais je refuse d'apparaître dans cette poubelle qu'est la télévision. »

Marguerite m'intimide. Elle dit que les écrivains devraient se sentir honteux d'avoir à défendre, eux-mêmes, leurs écrits. Pourtant je suis contente d'être invitée dans cette émission littéraire pour mon livre *Grand Reportage* qui vient de sortir. Elle ne me parle pas de mon livre, ou je ne me souviens pas qu'elle m'en ait parlé. En revanche, elle fulmine :

« Les gens qui vont se montrer là, ne sont pas des écrivains. Tu verrais Blanchot, Beckett, Gracq là-dedans ?

– Les écrivains de cette dimension sont peu nombreux et je n'en suis pas.

– Ah, bon. »

Même l'argument le plus simple : cette émission fait vendre des livres, lui paraît obscène.

« Les lecteurs doivent trouver, seuls, leur chemin vers la lecture.

– Mon oncle aurait parlé comme toi, mais c'était une autre époque. »

Elle ne veut rien entendre et je me dirige presque honteuse vers le plateau de Bernard Pivot.

Après l'émission, elle me téléphone : « Ça va, tu n'as pas perdu ta dignité. »

Je souhaiterais des commentaires plus détaillés, mais elle se met à gloser sur la météo, le froid de l'hiver.

« Les arbres sont nus : J'adore la transparence de cette saison où tout se voit. »

L'image d'une saison transparente me séduit. J'oublie son silence sur mon travail, son dédain même. Je ne lui demande que ça : des images et je l'aime pour ça, pour cet hiver où tout se voit. Elle agrandit ma vie comme elle agrandit tout. Du particulier au général. Du quotidien au métaphysique. Et j'ai la chance d'assister aux métamorphoses.

L'enfant qui pêche au bord de la mare, elle invente qu'il va se noyer. Que déjà il se noie. Il est venu dans l'intention de se noyer. Faut-il le sauver ? L'adopter ? Le laisser au désespoir ? A la fin de la journée, elle n'en peut plus de cet enfant noyé : elle va voir si le corps de l'enfant ne flotte pas à la surface de la mare. Elle raconte elle-même en s'amusant comment elle recrée l'événement. Elle n'emploie pas le terme « fait divers » qui se rapporte trop à l'actualité. Elle parle des faits qui la portent à écrire parce qu'ils ne sont pas résolus par l'idéologie ambiante.

Ou des faits qui lui semblent contenir un mystère. Parfois, elle invente aussi le mystère :

« J'étais chez moi à Paris, il y eut un orage terrifiant. Tout Paris était comme en feu. Devant la fenêtre de ma cuisine qui donne sur une cour intérieure, j'ai vu des volets s'ouvrir, une femme apparaître, puis elle a réapparu à une autre fenêtre. Ce déplacement m'intrigue beaucoup. A l'autre fenêtre, elle a tout ouvert. Le bruit était terrible, le bruit d'une révolution, d'une guerre. Elle tenait contre elle, très serré, très fort, un enfant de six mois et elle riait et elle lui racontait l'orage et l'enfant n'avait pas peur. J'ai souri, j'ai fait signe, la femme m'a souri, mais elle était tout à l'enfant. Il a essayé de toucher la pluie, de toucher le bruit. Ça a duré peu de temps, mais c'était un spectacle extraordinaire. Quelque chose s'est déclenché, je l'ai senti au moment même. Je me suis dit : " Mais elle est folle ", et elle était merveilleuse. Elle souriait à l'orage pour que l'enfant n'ait pas peur. Et l'enfant face au bruit de mille tanks, face aux éclairs de la foudre n'avait peur de rien. C'était il y a deux mois. Maintenant c'est devenu un dialogue. Ça me pose tellement de questions que j'ai envie d'en faire du théâtre : une pièce à deux personnages. Quelqu'un interrogerait quelqu'un sur cet événement. »

La première fois que Marguerite a raconté l'orage, cette scène n'était qu'un incident.

« C'est avec l'éloignement que je m'approche de la vérité. »

Ses visions m'étonnent par l'absence de toute psychologie et le minimalisme de leur point de départ. Un bébé à la fenêtre, la mort d'une mouche et résonnent les pas ancestraux des mammouths sur les branches mortes. Elle tend l'oreille, elle entend des murmures, des brisures.

Je lui dis que je vais me promener dans la forêt.

« Fais attention, des arbres peuvent tomber.

– ? »

Elle rit :

« Ah oui, je reconnais bien mon pessimisme. »

Elle va ainsi, à l'improviste, du grave au farfelu. J'aime ses volte-face, ses soudains vagues à l'âme, ses mégalomanies fabuleuses qui tombent à pic. Comme j'aime Sylvia Bataille pour ses fléchettes aiguisées, ses déconcertantes palinodies qui font sursauter l'esprit ou le cœur. Amicale des chasseuses solitaires sans faux-semblant, sans repos, presque sans raison.

Je consigne quelquefois leurs phrases. Très peu. Quand j'ai mon carnet sous la main.

Marguerite assise comme d'habitude, toute petite, à la grande table dans la pièce centrale qui donne sur le parc. On voit juste sa tête et ses épaules qui dépassent.

« Tu sais ce que c'est un écrivain ? »

Elle parle à voix haute, mais comme pour elle seule :

« Un écrivain, c'est les pompes funèbres... Toujours dans le constat de la mort. »

Un autre jour, elle soupire :

« J'aurai raté ma vie.

– Qu'est-ce qu'une vie réussie ?

– C'est vrai, je n'aime pas parler comme ça, ça m'échappe. »

Et encore :

« Tu sais ce qu'il dit Tchekhov ? Qu'il faut écrire des choses sérieuses et éternelles. Rien que ça : des choses sérieuses et éternelles, c'est adorable, non ? »

Ou bien elle se souvient d'un jus d'orange qu'elle a bu à New York :

« C'était le meilleur jus d'orange de tous les États-Unis. »

Je suis habituée à ses superlatifs qui m'amusent, à ses adverbes : « Inexorablement », « Irrévocablement », « Incontestablement » « Irrémédiablement », « Rigoureusement », « Définitivement », etc., qui à la longue se neutralisent et deviennent comme un brave patois familier.

Elle téléphone souvent tard dans la nuit, de Trouville où cet été elle écrit ses chroniques pour *Libération.* Je la sens inquiète, agitée. Les événements en Pologne, la grève aux chantiers navals de Gdansk la bouleversent.

« Et le pire, c'est de ne pouvoir en parler à personne. Tu te rends compte, ils étaient dix-sept mille en grève et maintenant, ils sont peut-être trente mille. Tu as des nouvelles ? »

Je ne sais rien de plus que l'employé des renseignements téléphoniques qu'elle vient d'appeler pour obtenir le numéro des lignes aériennes polonaises.

« L'employé n'était pas au courant... » On voudrait partager ce bonheur. Les gens ne peuvent plus ressentir le bonheur de Gdansk parce qu'il est de nature révolutionnaire et que la pensée révolutionnaire a quitté les gens.

En l'occurrence, les gens, c'est moi. Je ne sais pas exprimer un enthousiasme égal au sien.

« Mais quoi, tu dors ? C'est le début de la fin du poison totalitaire. Tu as vu Brejnev, tu as vu Marchais à Moscou. Ils étaient là ensemble, à l'ouverture des jeux Olympiques. Eh bien, ils sont finis. Tu comprends ?

– On peut partir pour Gdansk ?

– Il n'y a plus de vols. »

Ma proposition de départ lui plaît. Elle ne me réprimande plus et même elle épanche sa tristesse, sa solitude :

« S'il y avait une solution politique à la situation du monde, au malheur des peuples, je pourrais cesser d'écrire. »

Elle dit que la dimension politique du monde lui est toujours essentielle.

« Et ce soir, c'est ce bonheur de Gdansk que je ne peux dire à personne qui m'empêche d'écrire. »

La conversation au téléphone dure longtemps. Comment peut-on être encore de gauche quand on ne croit plus au communisme ? Elle élabore sa pensée dans le récepteur. Elle dit que l'accélération du progrès amoindrit l'intelligence.

« Je ne porte pas en moi la dalle de la pensée totalitaire. Je suis encore marxiste, mais ce n'est plus suffisant. »

Elle écrit : « Être de gauche, c'est un savoir sur le désespoir, c'est un exil, c'est écouter l'autre. C'est ne reconnaître aucun chef et connaître l'injustice, le rejet, l'humiliation. C'est ne pas pouvoir faire autrement. »

Cette impuissance à faire autrement, je m'y retrouve. Cette intolérance parfois regrettable, nous la partageons.

Marguerite nous absout joyeusement :

« Tu sais, le regret appartient à une classe. L'autre classe n'a rien à regretter. »

Elle s'approche de plus en plus souvent de l'idée de Dieu.

« A gauche, on a moins perdu Dieu qu'à droite où on se réclame de la foi. »

« C'est la bonté, cette femme-là. La bonté divine », dit Marguerite qui vient de rencontrer Françoise Dolto. Je me souviens de son respect inaccoutumé envers une autre femme, de sa retenue. De quoi fut-il question pendant le dîner ? Dolto parlait davantage que Duras.

Après l'été et l'automne à Trouville, Marguerite rentre à Paris. Nous nous retrouvons à Neauphle aux environs de Noël. Dès le premier moment je m'aperçois qu'elle garde à nouveau son verre de vin près d'elle. Ce petit verre ordinaire dans le prolongement de la main, aussi attaché à sa personne que son bracelet de jade, ses bagues ou sa montre au large cuir. Je vois aussi un nouveau jeune homme qui me semble d'abord être un copain d'Outa. Depuis toujours, les nombreux amis d'Outa, de jeunes garçons un peu interchangeables pour moi, déambulent d'un bout à l'autre de la maison en longueur. Tantôt furtifs, tantôt envahissants, ils composent pour la mère et le fils une garde fidèle que Marguerite appelle « la bande d'Outa », mais qu'elle adopte affectueusement. Il y a Jérôme, Jean-Marc, Jean-Michel, Hervé, Alex et d'autres encore qui vont et viennent, qui apparaissent les soirs de fête.

Ce timide jeune homme à lunettes, un peu pâle, pourrait être l'un d'eux, mais il suffit que Marguerite annonce comme une évidence :

« C'est Yann. »

Et je comprends, qu'il n'appartient pas à la bande d'Outa.

Elle ne m'a pas encore parlé de l'arrivée de Yann à Trouville, ni même auparavant de cet étudiant provincial qui lui a écrit pendant plusieurs années. Je ne sais rien encore de ce soir de fin août où elle l'a invité à monter chez elle, aux Roches Noires, en le priant d'apporter du vin. Visite fatale, vin fatal. Je ne sais rien encore de ce que je vais apprendre et voir de près, de trop près.

Aujourd'hui, à travers le monde, tous ceux que Duras intéresse peuvent en savoir long sur cet amour. Au mieux par ses œuvres, au pire par les médias avides de scandales.

Que l'amour soit un scandale, ce n'est pas pour déplaire à Marguerite, c'est même son « credo », mais que l'âge – presque quarante ans de différence entre le jeune homme et l'écrivain – soit la cause émoustillante du scandale, c'est réduire au plus vulgaire le subtil imbroglio d'une passion intensément vécue de part et d'autre, dans la réalité et dans la fiction, durant quinze années.

Peut-être ne raconte-t-on inlassablement et avec tant de curiosité que l'inracontable ? Dès que je les vois ensemble, Marguerite et Yann, je sens la complexité de ce qui les lie : Yann répond entièrement aux obsessions de Marguerite. Avant de sonner à la porte de l'appartement des Roches Noires, il est déjà un héros de son œuvre. Il est cet homme fragile qui présente le manque et l'interdit. Il est l'amant possible parce que impossible. Tous les deux partagent l'essentiel : la même inaptitude à vivre, la même inconsolable lucidité qui fait que l'on peut rire à deux.

Et ils rient beaucoup. Ils se disputent aussi. Dans les premiers mois, Yann se tait. Il absorbe, comme absent, les remarques acerbes et publiques de Marguerite qui le provoque directement : « Eh bien, Yann, vous n'avez jamais rien à dire ! » ou plus durement en déclarant à table devant lui : « Yann, c'est rien. »

Yann pourrait faire pitié ou se faire mépriser de subir sans broncher la capricieuse tyrannie de Marguerite, mais sa discrétion attentive, sa délicatesse à son égard le rendent au contraire plus sympathique et plus présent qu'il ne cherche à l'être.

Avec une assurance tranquille, sans dissimulation ni exhibitionnisme, il étend un châle sur ses épaules quand elle frissonne, il la soutient en fin de soirée quand elle marche de travers, il renoue son lacet quand elle ne peut plus se baisser jusqu'à ses souliers. Chevalier servant, mais pas servile, il occupe auprès d'elle une place dont on sent qu'elle lui convient pour des raisons profondes et c'est Marguerite qui serait parfois gênante, si sous-jacent, son désespoir ne l'excusait.

Nous ne nous faisons pas de confidences, Marguerite et moi, sur notre intimité amoureuse. De même qu'aucun récit de leur rencontre n'a précédé l'apparition de Yann à Neauphle, je ne l'ai pas prévenue de l'entrée de Marcus dans ma vie.

Ces deux hommes surviennent presque en même temps comme si le terme de la solitude était échu. Marguerite ne montre aucune surprise. L'exceptionnel lui paraît toujours aller de soi.

Marcus fait l'objet d'une unique remarque : « Un juge, ça alors ! je n'en connais pas un seul. »

Je n'en connaissais pas non plus.

Nous nous contentons, tous les quatre, de nous

observer. Les mois passent, l'amitié grandit et nous partons pour Rome. Nous emmenons nos enfants Caroline et Outa dont le flirt nous réjouit.

A Rome, Marguerite est fêtée par des groupes de femmes, adulée par les journalistes. Ce succès la transporte au-delà de toute fatigue. Elle boit énormément. Elle ne dort plus que trois heures par nuit. Aussi insomniaque qu'elle, j'ai du mal à la suivre, à rester aussi tard dans les soirées. Je ne tiens plus debout. Au sens propre, je m'étale de tout mon long plusieurs fois par jour sur les trottoirs de Rome. Elle se moque de moi. Et d'elle-même aussi : « La gloire, quelle fumisterie. Je l'ai connue après *Hiroshima.* Remarque, c'est utile quelquefois. »

A l'ambassade de France, elle est invitée seule à l'heure du thé. Elle nous emmène tous : « Je me déplace avec qui je veux », et nous arrivons à cinq ou six au palais Farnèse encombrés de sacs en plastique pleins de pantoufles que nous venons d'acheter. Elle est ravie : « On a vraiment l'air de ploucs. »

Le conseiller culturel se pointe pour lui annoncer que l'ambassadrice va la recevoir. Elle est prête à repartir parce que ce n'est pas l'ambassadeur qui l'attend. Le conseiller se voit obligé de lui fournir une raison majeure à l'absence de l'ambassadeur. Alors, elle consent à s'avancer, hautaine et minuscule, suivie de sa troupe chahuteuse, sous la voûte du palais Farnèse.

Le goûter ne traîne pas. Elle refuse le thé et l'orangeade. Elle demande au maître d'hôtel stupéfait : « Vous n'auriez pas plutôt un peu de rouge. » La conversation languit. L'ambassadrice, désemparée, a recours au Caravage et aux tableaux du Corrège qu'elle montre sans un mot, comme une gardienne de nuit.

Quand nous nous retrouvons dehors, Marguerite exulte : « Ah, ce coup de rouge, c'était la révolution. Vous avez vu la tête de l'ambassadrice. Vous avez vu son tricot de corps ! Ah oui, elle portait un tricot de corps sous son chemisier ! On n'a pas idée. Comme une pauvre pas chauffée. » Marguerite n'en finit pas de se gausser. Le tricot de corps devient le leitmotiv du voyage. Marguerite ne lâche rien, surtout pas ce qui la fait rire.

Dans les soirées romaines, elle sème aussi la panique. Elle apostrophe les femmes tristes, leur pose des questions directes sur leurs amours. Elle reste toujours assise dans les soirées. Une cour se forme autour de son fauteuil. Les femmes, flattées d'abord par son écoute, lui exposent complaisamment leurs misères, puis s'effondrent et pleurent dans leur champagne. L'une d'elles tente de se suicider au matin. Suicide raté qui intrigue beaucoup moins Marguerite que le tricot de corps de l'ambassadrice.

Comme l'ange dévastateur du *Théorème* pasolinien, Marguerite quitte la capitale italienne, mais *Dialogues de Rome,* son dernier essai filmé, au ton incantatoire, n'a rien d'une bonne blague, ni même d'une œuvre subversive. Elle l'a dit, elle n'a plus le goût ni la force de faire du cinéma. Elle supporte que l'on n'adhère plus à son travail cinématographique, mais jamais que l'on émette la moindre réserve sur ses livres. Elle ne salue plus Suzou Merleau-Ponty qui lui a dit, un jour, avoir préféré son livre précédent. Elle affirme qu'un écrivain ne peut pas aimer quelqu'un qui n'aime pas ses livres puisque l'écrivain met dans ses livres le plus vrai de lui-même.

Marguerite au téléphone. Elle s'apprête à partir en Concorde avec Mitterrand, pour célébrer l'anniversaire de la victoire de La Fayette à Yorktown (USA) : « J'ai refusé tous les honneurs mais, cette fois, j'accepte. Après, je retrouverai Yann à New York. Deux jours en amoureux, avant d'aller à Montréal. »

Comme à tout le monde, l'amour lui donne, lui redonne des ailes.

Visite à l'improviste rue Saint-Benoît : Marguerite coud dans sa cuisine. Une ampoule au plafond, un vieil évier, aucun gadget ménager.

Elle s'apprête à partir demain, avec le président de la République. Elle me montre le gilet qu'elle pique à la machine et qu'elle portera à la réception donnée par le président des États-Unis. Elle me montre ses bagages, chaque vêtement roulé en un paquet noué d'un ruban : « On faisait ça en Indochine, c'est très bien, ça ne se froisse pas. » Je vois les petits paquets soigneux sur le lit, je vois une paysanne qui prépare son baluchon.

Après, quand je l'entends parler elle-même de son génie, je suis attendrie.

Cependant de ce génie qu'elle proclame, elle doute aussi : « C'est toujours extérieur le génie. On croit que c'est en soi, mais c'est souvent de l'autre côté que ça vient. Je ne sais par quel miracle, j'arrive à la fin d'un livre. »

Je note sur un carnet : « Le théâtre, la mise en scène, le cinéma me laissent sans émotion. Il n'y a qu'écrire qui m'émeuve, lâcher un livre. »

Puis, comme s'il lui fallait encore une preuve : « C'est bien que JE SUIS un écrivain. »

Un fait divers étaye pendant plus d'un mois nos conversations du soir. Avec Yann et Marcus nous ne parlons plus que du « coupeur d'eau » : un employé municipal a coupé l'eau en plein été à une famille indigente. Et le père, la mère, les deux enfants en bas âge et le chien se sont couchés sur les rails du TGV qui passait dans un champ désert, non loin de leur masure. Le train les a tous écrasés.

Marguerite n'en finit plus d'imaginer la mort de la famille Coquelin, leur dénuement, leur détresse. Elle analyse les indices de leur détermination : la mère s'est rendue au café du village le plus proche juste avant le drame. Qu'a-t-elle demandé au cafetier ? Comment l'employé municipal a-t-il été assez imbécile pour ne pas savoir qu'en coupant l'eau à des bébés, sous la canicule, il leur ôtait la vie ?

Marguerite s'en prend surtout à Marcus : « Alors, toi aussi, tu aurais coupé l'eau ? Puisque t'es un fonctionnaire, ce qu'on appelle, au service de l'État. »

Elle le toise. Elle a le don de savoir dominer de sa petite taille, par une sorte de gravité, des personnes plus grandes.

« L'État, c'est l'empêchement de toute expression libre, c'est la menace permanente. Pourquoi tu fais ce métier ? »

Marcus lui explique la création du Syndicat de la magistrature qui, en 68, donnait aux jeunes étudiants en droit l'espoir d'une justice plus démocratique. De nombreux étudiants qui se destinaient à la profession d'avocat sont devenus juges.

Chaque soir, on projette d'aller le lendemain enquêter sur place. Avec le vin, parfois on s'agresse. Marguerite dans un camp, Marcus dans l'autre. Yann et moi, dans le marais.

« Dès que je prends parti contre le coupeur d'eau, je prends parti contre toi, car toi tu es un agent de l'ordre qui veut qu'on paye l'eau.

– Oui, mais quand tu dis qu'il faut réprimer les jeunes qui tuent des grenouilles dans l'étang, tu m'enlèves toute possibilité de choisir mes systèmes de valeur. Plus la répression est demandée par la société, moins j'ai de liberté. Quand tu demandes des sanctions, tu crées des coupeurs d'eau.

– Il y a une bêtise absolue dans l'application de la loi. »

Marguerite ne démord pas d'une position qui fonde l'éthique de toute sa vie.

« Ma mère avait peur de ceux dont la fonction est de faire respecter la loi. Elle se sentait fautive. Cette incurable mentalité de pauvre. Ah, non, l'obéissance au règlement, ce n'est pas respirable.

– Tu voudrais qu'on apprenne la désobéissance à l'école ?

– Non, ce serait encore un règlement. Il faut laisser à l'individu la chance de réfléchir seul. Plus l'instruction vient, plus les gens sont appauvris. Les médias disent que les Coquelin sont des demeurés mentaux, mais il y a du génie dans leur arriération ; une humanité extraordinaire dans leur geste. Ils se sont tués ensemble, ils ont échappé à l'État, à la Justice.

– La mort n'est pas une solution. Tout le monde ne peut pas échapper à la Justice par la mort.

– Non, il faut avoir le génie de la mort. »

Marguerite rit souvent de son propre extrémisme. Propos décousus à longueur de soirée, mais pas tellement, elle est d'une cohérence sans faille dans son acharnement contre l'injustice et la bêtise. Quand elle bute sur l'aporie, elle déplace le problème, le prend sous tous les angles, même les plus inattendus.

« Cela me frappe que ce drame survienne dans une France socialiste ! »

Où veut-elle en venir ? Silence. On sent courir sa pensée.

« Si le socialisme ne change pas la mentalité des coupeurs d'eau, si le socialisme ne développe pas l'initiative, ce n'est pas la peine qu'il existe. Je ne vois aucune différence entre ce coupeur d'eau et un coupeur d'eau soviétique.

– Ce drame du coupeur d'eau est ingérable par la politique.

– Mais si... »

Et la discussion repart. On rentre se coucher, épuisés. On dort mal. Et puis un soir, c'est le sujet qui est épuisé.

« Dis donc, si on s'enregistrait. On s'est peut-être dit des trucs importants. Ce serait bête de perdre tout ça [1]. »

---

1. Entretien publié par la revue *Autrement* dans le numéro 104 : « Obsession Sécurité ».

Le 6 novembre 1996, alors que j'écris ces pages, un droit mini-

Marguerite sait que la perte est inévitable, mais elle la combat et la nie comme elle fait tout : elle enregistre, elle filme, elle consigne, elle écrit, elle aime, elle cuisine avec l'incommensurable énergie du désespoir.

---

mal à la fourniture d'eau est officiellement reconnu aux familles les plus démunies. Il aura fallu quatorze ans pour que Marguerite soit, en partie, entendue. Comme souvent ce qu'elle a pensé se prolonge et se propage : « Longtemps, longtemps après que les poètes ont disparu... »

Le teint de Marguerite se plombe. Ses mains tremblent. Elle ne marche plus qu'au bras de Yann. Je sais que cet été est le dernier. Rien ne me ferait quitter Neauphle. Je ne veux pas perdre un moment de sa présence. Je lutte comme elle contre la perte, contre toutes les pertes. Je sais qu'elle est perdue, qu'elle se perd, mais on sait sans savoir. On espère se tromper, on s'accorde l'erreur en même temps que la certitude.

Yann me demande si je connais un médecin. Marguerite ne veut plus en consulter aucun, mais lui-même se sent si mal qu'il aimerait arrêter de boire. J'appelle un très cher ami, Jean-Daniel Rainhorn, qui vient aussitôt à Neauphle et bavarde longuement avec Yann au Café des Sports. Nous décidons de le présenter à Marguerite comme un médecin ami de passage. La subtilité et l'humour de Jean-Daniel la séduisent. Sa judéité aussi. Marguerite éprouve d'instinct un faible pour mes amis garçons de préférence à mes amies femmes qu'elle ignore, sauf si elle les subjugue. Aux hommes, elle laisse une marge, une chance, le temps joueur de l'observation. Elle rencontre à son tour Jean-Daniel au Café des Sports, puis chez elle. Elle oublie qu'il est médecin, elle le surnomme le juif moldave, elle lui parle d'Israël.

Jean-Daniel ne l'examine pas, ne lui prescrit aucun médicament. Il dit qu'elle est très malade, mais qu'elle doit décider elle-même d'entreprendre la cure de désintoxication dont elle ne veut pas. Il passe l'été à la convaincre en devenant simplement son ami. Il ne veut rien brusquer, il attend qu'elle cesse de refuser la cure. Tantôt, elle veut mourir. Tantôt, elle se renseigne sur l'hôpital où elle irait. Parfois, elle boit moins, elle s'inquiète de sa santé qu'elle souhaite bonne, elle voudrait vivre jusqu'à la sortie de *La Maladie de la mort.* Elle dit que si elle va à l'hôpital, elle y mourra et qu'elle doit d'abord finir *Savannah Bay,* la pièce de théâtre pour Madeleine Renaud.

Elle somnole dans la journée. Elle ne dort, la nuit, qu'avec son petit verre de vin qu'elle boit systématiquement dès que l'insomnie s'insinue. Un petit verre, mais toujours plein et toujours à portée de la main. On se demande comment elle parvient à écrire.

Une dernière soirée, on chante en chœur « Frère Jacques » et « Auprès de ma blonde ». Yann danse seul, un walkman aux oreilles. Elle dit : « Pauvre lapin, il ne danse plus depuis qu'il vit avec moi. » Elle s'inquiète pour lui : « Il va tomber, il va s'évanouir », alors que c'est elle qui chancelle. Elle l'appelle : « Ma cocotte, ma petite fille. » Elle s'énerve contre Outa qui prend le parti des Palestiniens : « Tu n'as pas de réflexion politique, tu répètes sans penser, sois un peu plus fin. » Elle dit : « Mon fils n'a lu aucun de mes livres et c'est très bien. » Outa dit : « Tes livres, on peut s'en passer. » Elle rit. On rit de tout et de rien, du contrôleur des wagons-lits qui s'envoie des hôtesses de l'air dans les tunnels, du pédé qui s'est fait arracher six dents pour mieux faire des pipes.

Elle dit à Yann : « Vous êtes adorable », puis elle l'insulte : « Vous me faites mourir. C'est vous qui m'obligez à me tuer. »

Comme nous n'en sommes plus aux recommandations d'abstinence, ni même à limiter les verres, j'apporte, un soir, une caisse de château-margaux qui la laisse pantoise, à demi déçue qu'on ne s'affole plus de son alcoolisme, à demi charmée par cette liberté.

« Tout le monde veut que j'arrête de boire et toi, tu t'en fous, c'est bien. »

Elle dit qu'elle ne peut plus écouter de la musique sans pleurer.

« T'en écoutes, toi ? Moi, ça aussi, c'est fini. »

Elle m'interroge sur la période dépressive que j'ai traversée.

« Toi aussi, tu pleurais tout le temps ? J'aime Yann et il m'aime. Pourquoi je pleure ? »

« Tu as vu à la télé : le lait qu'on envoie au Bangladesh était avarié. Et les gens qui envoient ce lait pourri, ils reçoivent la Légion d'honneur. On pourrait pleurer tout le temps en regardant la télé. Tiens, je pleure en t'en parlant. »

Néanmoins, les feuillets du manuscrit de *Savannah Bay* s'accumulent. Sa main tremble tant qu'elle demande à Yann d'écrire ou de taper sous sa dictée – elle ne me parle pas de la pièce. Elle ne parle jamais de ce qu'elle est en train d'écrire – elle dit seulement qu'elle écrit cette pièce pour sa petite Bullette (Bulle Ogier) et pour Madeleine dans « la splendeur de l'âge ». Expression qu'elle reprendra, mais qu'elle emploie pour la première fois et qui me frappe. Se trouve-t-elle dans cette même splendeur ? Elle devine ma question informulée.

« Un écrivain est sans âge. »

J'annonce à Marguerite que François et Valérie ont l'intention de donner son prénom, si c'est une fille, à l'enfant qu'ils attendent en décembre. Elle est émue et, en retour, elle me propose de lire *Savannah Bay*. Pendant que je lis, allongée dans le parc, sur les coussins du lit de fer, elle écrit un poème pour l'enfant qui va naître.

C'est pour la petite fille qui va arriver à la fin de l'année.
Bonjour Miss Marguerite Manceaux.
Aujourd'hui 17 juillet je pense qu'il te faut encore
Cinq mois pour être née.
Tu es encore dans la nuit.
Ton inexistence est immense, autant parler de l'univers.
Je t'écris pour te dire ceci, pour que quelqu'un te l'ait dit, l'ait dit pour toi, écoute :
Quand tu iras dans le jardin il faudra que tu prennes garde à tout, à toi-même comme aux fleurs.
Regarde bien la pluie, la vie.
Regarde l'orage, le froid, le vide, le chat perdu, cette fleur et toi.

Après avoir écrit le poème, Marguerite est saisie d'inquiétude. Elle est contente que les mots lui soient venus spontanément et en même temps embarrassée.

« Qu'est-ce qu'on va en faire ? Il faut attendre la naissance.

– François et Valérie seraient touchés de le lire maintenant.

– Oui, mais ça fait peur comme tout ce qui touche aux présages. »

Elle range le poème dans son agenda et demande à Yann d'en taper une copie qu'elle me remet.

Aucune décision n'est prise.

« Regarde la pluie, l'orage, le vide, le froid... », c'est la scène entrevue dans sa cour, le tonnerre qui faisait « le bruit de mille tanks » et la mère à la fenêtre qui montrait l'orage à son enfant. Aujourd'hui, c'est un poème et dans le poème, elle est devenue, elle-même, cette mère à la fenêtre.

Marcus lit à son tour le manuscrit de *Savannah Bay* et Marguerite se réjouit de la sincérité de notre enthousiasme. Trois jours plus tard, elle dit : « Depuis trois jours, je dors mieux. » Elle ne fait pas le rapprochement. Elle remet le texte à son éditeur. Jérôme Lindon qui lui dit : « C'est un grand Duras. » Le lendemain, son visage dégonfle. On dirait même que son corps s'est redressé.

L'amélioration ne dure pas. Elle ne veut plus voir personne. A part les visites de Jean-Daniel et de Outa, nous restons tous les quatre emmurés à Neauphle. Elle met tous les jours les mêmes vêtements tâchés. Elle dit qu'elle se lave à peine.

« Non, ne m'apporte pas de vêtements, je ne les mettrai pas.

– Une jupe grise, très triste ?

– Non, ce ne sera jamais assez gris. »

Elle rit.

« On est des clochards. »

Je les appelle, Yann et elle : les Thénardier. Ça aussi la fait rire.

Ses jambes enflées ne la portent plus. Elle ne sort plus de sa maison. Elle a des emballements subits qui contredisent apparemment ses choix profonds. On ne comprend pas pourquoi elle en vient à admirer le défilé du 14 Juillet. Elle vante les fastes des régiments, leur ordonnance, et même la France capable d'exhiber une si belle armée. J'ai peur qu'elle devienne gâteuse, mais elle a encore assez de vigueur et de drôlerie pour provoquer des retournements. Elle nous accuse d'être des « petits snobs », elle nous trouve « nuls » de ne pas suivre le défilé d'un bout à l'autre, devant le téléviseur. Puis, elle rit :

« Franchement, qu'est-ce qu'on a de mieux à faire ? »

Elle dit qu'elle boit cinq litres de vin par jour. Comme toujours, elle exagère, mais même deux ou trois litres quotidiens suffisent à détruire n'importe qui. Elle ne peut plus marcher sans s'appuyer d'un meuble à l'autre. Elle somnole presque toute la journée. Jean-Daniel estime que la menace du gâtisme, d'éclatement du foie, d'embolie rend maintenant la cure urgente. Il ne lui cache pas la vérité. Elle veut entrer tout de suite à l'hôpital, puis elle ne veut plus. A l'hôpital, elle va mourir. Alors, autant attendre la mort à Neauphle. Mais elle, qui a beaucoup lu Pascal, finit par faire le pari de l'hôpital. Elle se laisse emporter dans un taxi.

Deux phrases clefs auront ponctué sa vie : « On ne sait jamais », et : « Ce n'est pas la peine. » Deux phrases entre lesquelles nous naviguons tous. « On ne sait jamais », généralement, l'emporte.

Jean-Daniel débarque chez moi à cinq heures. Il vient de la voir partir avec Yann, tout à fait ivre et pleurante dans le taxi. Il se lave le visage à l'eau froide plusieurs fois. Il est aussi bouleversé que moi, mais un médecin ému est plus bouleversant qu'une autre personne. Je lui demande :

« Si on découvre aux examens que c'est trop tard, autant qu'elle sorte tout de suite de l'hôpital.

– Pour cela aussi, c'est trop tard. Elle ne peut plus boire sans en mourir. »

Il me décrit ses œdèmes, son foie rongé. Il affirme que cette cure redoutable demeure le seul espoir.

Jean-Daniel téléphone. Marguerite veut quitter l'hôpital. Elle invoque le prix trop élevé de la chambre, puis elle accepte les prises de sang et elle s'abandonne. Jean-Daniel précise : « Le sevrage sera immédiat et total. On ne peut rien envisager d'autre. Les neuroleptiques l'aideront à supporter le manque. » Et le cerveau et le foie résisteront-ils ? Personne ne peut le savoir.

Impossible de vivre normalement tant que Marguerite n'est pas sortie de la période critique. Caroline m'emmène au musée. Elle est merveilleuse. Son caractère extrême s'accorde aux situations tendues.

Marguerite résiste. Elle a vaincu la semaine cruciale, ses organes ont tenu. Maintenant, elle dort sous contrôle médical. Quand elle se réveille, elle regrette l'alcool, mais je crois qu'elle ne boira plus. Soulagement de sa vie retrouvée. Que va-t-elle inventer ?

Marguerite délire et dort. Les organes semblent avoir tenu, mais le médecin trouve son abrutissement trop profond, suspect. Le cerveau atteint ? L'abomination ? Je vis au rythme de la cure sans pouvoir m'en détacher ni en parler. Ni Outa ni Yann ne savent exactement la gravité du risque. Pourquoi suis-je si impliquée ? Neauphle, sans doute, la proximité. Et mon amitié avec le médecin. Tous les soirs, téléphone de Yann ou de Jean-Daniel qui me donnent des nouvelles.

Marguerite prétend qu'on veut l'empêcher d'écrire, elle dit que la baignoire est un petit cercueil blanc, qu'elle a un cancer du cerveau ; elle se croit dans un hôtel suisse près de Zurich, elle dit des phrases qui semblent sortir de son œuvre, elle voit des oiseaux, des vaches bleues. Parfois, à demi lucide, elle dit à Yann : « Si je meurs cette nuit, n'oubliez pas mes bagues », puis elle repart dans le délire : « Vous savez, c'est dur d'être une petite fille pendant la guerre. »

En tombant par terre, Marguerite a cassé le bracelet de jade qu'elle ne quittait jamais. On n'avait même pas pu le lui enlever à son entrée à l'hôpital. Sa mère lui avait donné ce bracelet quand elle avait quinze ans, lui disant qu'il fallait l'enterrer s'il se cassait, sinon la personne qui l'avait porté devait mourir.

Yann, en sanglots, me demande s'il doit enterrer le bracelet. Ce soir, *India Song* à la télévision. On lui rend hommage. Marguerite dort et n'en sait rien.

Marguerite dit : « Il faudrait me sortir de cette somnolence. » Yann, toute la journée à l'hôpital, note ses délires. Elle demande :

« Qu'est-ce que vous faites ?

– J'écris ce que vous dites.

– Ah oui, ça peut être drôle, dans la grande tradition russe. »

Jour fatidique. Les médecins décident d'arrêter les médicaments. Si elle sort du sommeil en delirium tremens, il faudra lui redonner de l'alcool, ce qui signifierait la mort par éclatement du foie.

Pas de delirium tremens. Les examens indiquent un arrêt de la destruction du foie. Espoir. Marguerite marche dans le couloir de l'hôpital. Elle dit qu'elle filmerait ce couloir si elle devait filmer un paquebot. Elle délire encore, mais doucement.

Yann au téléphone : « Je te la passe. »

Affolée, que peut-on dire à quelqu'un qui revient de la mort ? Sa voix, à peine ralentie :

« J'ai maigri.

– On me dit que tu as bien meilleure mine.

– Tu ne me reconnaîtrais pas, je ressemble à Nathalie Sarraute. Tu sais, Tati est mort. Il faut que tu rassembles douze ou treize personnes pour parler de lui. On va faire une table ronde. Je vais écrire un article comique sur l'armée française. Je dirai : l'armée française, c'est la plus mauvaise du monde, et le German Hospital, c'est le plus mauvais du monde. »

Elle rit, je dis :

« C'est une bonne idée. »

Joie de l'entendre, mais étrangeté de la tromper. Jusqu'à quel point faut-il entrer dans son délire ? Elle mêle le sensé et l'insensé. Elle dit : « Cette nuit, il m'est arrivé une chose extraordinaire : j'ai compris que ne reverrai plus maman, ni mon petit frère, tu sais, le petit Joseph. Eh bien, tu vois, je l'ai compris pour la première fois. »

Je pense qu'elle a compris qu'elle ne boirait plus, que les deuils s'accumulent.

Le délire se poursuit, entrecoupé de raisonnable. Je ne peux m'empêcher de noter, comme Yann, ce qu'elle dit. Une telle impression de jaillissement rare, à l'état brut. Mais si cela devait durer ? Déjà on lui parle comme à une enfant.

Les médecins proposent qu'elle quitte l'hôpital, mais ne se prononcent pas : elle peut aussi bien sortir du délire que s'enfoncer dans la folie.

Marguerite, chez elle. Bonheur de la voir, fraîche, le teint n'est plus plombé. Elle demande quand le bébé de François et Valérie va naître. Elle semble extrêmement vivante, présente, mais elle voit des animaux partout. Elle me décrit les « lamies », des petites bêtes au profil corse, avec une peau de cochon, qui tricotent des chaussons. Elle voit des « lamies » sous les lits, sans terreur. Elle voit aussi des hommes du SAC, la Gestapo : « Les fascistes sont là, ils ont pris 400 000 dollars. » Elle dit que Jean-Daniel veut lui voler son appartement. Elle me confie surtout le pire : « Tu sais, Yann, je le vois s'enfoncer dans la folie. »

J'ai peur.

Première sortie. Nous faisons le tour du lac du bois de Boulogne. Il pleut. Elle ne dit presque rien, repliée, craintive, comme un petit paquet. En rentrant : « Il y a un équateur qui traverse l'Ile-de-France. Ça m'a fait du bien cette promenade, même si j'ai pas eu l'air. »

Nous allons au café pour la première fois. Elle dit : « C'est la zone orientale de la Yougoslavie. »

Elle voit des poissons dans l'eau de Badoit, des plantations. Elle dit : « C'est de la Badoit d'occasion. » Elle dit qu'elle a rencontré une dame qui lui a proposé gentiment un verre de vin. Elle rit : « Si j'avais su, je n'aurais pas fait cette cure. On va se faire tellement chier qu'on ira au bordel. »

Puis, elle raconte un plan qu'elle a vu dans un film : « C'est après un accouchement, la mère rentre avec son enfant en taxi, elle regarde la rue. On sent qu'elle regarde le monde autrement, c'est le monde où son enfant va vivre. Vingt fois, j'ai eu envie d'écrire là-dessus. »

Après le café, elle semble contente. Bon sourire. L'impression d'un progrès. Yann et moi respirons plus légèrement.

Elle se rappelle encore le jus d'orange de l'hôtel Algonquin servi dans des récipients de glace pilée.

« C'était si bon. A se demander comment faire durer un tel bonheur. »

Le progrès se précise, elle parle de plus en plus comme Duras.

Assise à sa table, elle fait du courrier. Elle dit : « Je

ne voudrais pas avoir honte de mon intelligence. Tu crois que je pourrai tout récupérer ? »

Oui, maintenant, je le crois.

Ce matin, la merveille, elle dit : « En me réveillant, j'ai eu envie de vivre. » Nous allons nous promener jusqu'à la maison de Balzac. Elle parle de la maison de Renan à Tréguier, de Gide, de *Martin Eden,* que Yann lui lisait à l'hôpital. Elle se retrouve. Elle est guérie. Je suis à peu près sûre qu'elle ne boira plus.

Repères succincts, ces notes n'en disent pas plus long, mais dans l'angoisse et l'étrangeté de cette période où il ne quitte presque pas l'hôpital, Yann, lui aussi, s'accroche à l'écriture. Avec la bénédiction de Marguerite, il publiera *M.D.* en 83, le livre de ces jours-là.

Le texte de Yann, dans un style durassien – ce mélange inimitable d'emphase et de simplicité, de larmes et de silence – rapporte quantité de détails d'une intimité troublante. Yann au-delà de toutes conventions, comme Marguerite, ose tout dire : sa passion à lui pour elle, son abandon à elle devant lui.

« Je lave votre corps, vos cheveux. Vous vous laissez faire. Vous dites : “ Frottez bien le dos, là où on ne va jamais. ” » « Je vous donne le reste de la soupe à la cuillère. » « Je veux dormir près de vous, être là, vous entendre, écouter ce que personne n'entend, ces mots que vous dites... Vous êtes ma préférence absolue. »

Il ose : « Depuis deux jours et deux nuits, vous êtes incontinente. Vous dites : Il faut acheter du linge propre. Je lave les deux chemises de nuit, je les étends au-dessus de la baignoire. On vous donne une chemise d'hôpital, une camisole blanche ouverte dans le dos. Vous dites : “ C'est joli, c'est un beau coton, on va le voler, je vous le donnerai. ” » « Nous allons dans la salle de bains. Vous vous étonnez de la noirceur de vos selles, vous dites : “ J'ai fait une hémorragie interne. Personne ne s'en est aperçu. ” »

Yann note, note. Cette profusion de détails parfois dérisoires que la plupart des gens ne retiennent pas, qu'ils jugent trop anodins ou trop crus pour les écrire, constituent pourtant les lettres de noblesse de la littérature.

Je relis le livre de Yann, je retrouve l'amicale vigilance de Jean-Daniel, les traces de notre fraternité près d'elle luttant contre la mort, cette conversation que nous échangeons dans la nuit. « J'appelle M. Je dis : “ Tout est fini. ” Les pleurs sont là, le flot coule enfin. M. me laisse pleurer. Elle ne demande rien, elle reste au téléphone. Le bruit des larmes dans le silence de M. aussi. Elle dit : “ Rien n'est encore perdu, je suis sûre qu'on va s'en sortir. ” »

Je demande : « Rien ne doit apparaître, aucune souffrance. »

M. dit : « Non, rien. » Dans les larmes, j'entends : « Il existe des gens qui ne meurent pas, jamais. »

Marguerite est décédée quatorze ans plus tard, mais aujourd'hui, preuves à l'appui, je pourrais prononcer les mêmes mots : il existe des gens qui ne meurent pas. Elle vit encore, bien remuante entre le papier et moi. Elle dit, malicieuse, même un peu roublarde dans sa solennité : « Morte, je peux encore écrire. »

Veut-elle signifier qu'un écrivain écrit chaque fois qu'un lecteur le lit ? Ou qu'elle suscitera des écrits inspirés par elle ? Celui-ci par exemple. Et d'autres, beaucoup d'autres sûrement.

Yann note que Marguerite est emmenée à l'Hôpital Américain, le jeudi 21 octobre 1982. Par un de ces hasards que les surréalistes valorisaient, le jour où j'entreprends le récit de ce jeudi se trouve être aussi le 21 octobre. Il y a quatorze ans, les feuilles d'automne tenaient-elles encore aux arbres, comme aujourd'hui ? De toutes les couleurs à Neauphle, du jaune au rouge, ce jeudi-là, ou bien étaient-elles déjà tombées sur le sol mouillé ?

Puisque j'en suis aux coïncidences : on vient de m'indiquer le numéro de la plaque minéralogique de ma nouvelle voiture : 796 LVS 75. Immédiatement, ce LVS me saute aux yeux. Les initiales de Lol V. Stein.

Les surréalistes ont raison de s'amuser : il y a peut-être des mystères. Je vais conduire l'automobile de Lol V. Stein.

A la fin de l'année 82, Marguerite divague encore, mais ses hallucinations s'espacent. Elle écrit à nouveau quelques lignes. Et ses premières lignes, elle me les offre à l'improviste, sans éclat. Elle sort d'une chemise, un feuillet manuscrit, raturé : « Tiens, si ça peut t'aider. » C'est un court article sur mon roman *Anonymus* dont la critique parle peu.

« Ne t'en fais pas. Le silence, j'ai connu ça aussi. »

Je bafouille : « Toi et moi, ça n'a aucun rapport. » Je suis si émue que je ne la remercie pas, mais elle n'attend jamais aucun geste convenu. Elle prétend que plus ma collaboration à un magazine féminin sera notoire, plus mes livres seront ignorés par les critiques littéraires.

« T'as qu'à donner mon papier à *Libé*. Ils le prendront puisque c'est de moi. July m'adore. »

Là, je sens que Marguerite est tout à fait sauvée. Nous décidons de fêter sa guérison à Noël.

Elle s'attendrit de la naissance d'Antoine. Elle souhaiterait qu'Outa ait aussi un enfant. Elle dit : « Je n'aurai pas été une femme normale. »

Même pour elle, une femme normale, ça reste une mère ou une séductrice.

Tout va bien. Le petit Jésus est bien né. Marguerite refleurit. Pour une fois, Noël sera vraiment une fête. Même si on boit de l'eau.

« On ne va quand même pas réveillonner ! » dit-elle, timide.

Guirlandes et bougies sont évitées. Nous dînons simplement à Neauphle, plutôt dans la salle à manger que dans la cuisine, avec Jean-Daniel et son amie Christine, tous les six rescapés d'une même aventure. Comme si nous avions échappé à la même noyade, nous éprouvons ce soulagement qui ressemble au bonheur, mais ce moment de bonheur attendu agace vite Marguerite. Avec elle, rien, et surtout pas le bonheur, ne se passe comme prévu.

Nous avons tous préparé des cadeaux les uns pour les autres. Tous, sauf elle qui reçoit les siens comme une reine habituée aux hommages. Yann confus, l'excuse : « Vous la connaissez. »

Yann se sent particulièrement gêné vis-à-vis de Jean-Daniel dont le dévouement et la compétence furent sans prix. Jean-Daniel n'attend aucun honoraire, ni aucun cadeau, mais peut-être un signe d'affection.

Marguerite perçoit le malaise et, tant qu'à faire, l'aggrave. Elle passe à l'attaque. D'abord contre nos mœurs essentiellement petites-bourgeoises, contre ces stupides traditions de Noël « sans fantaisie aucune », puis contre le prénom de mon petit-fils :

« Antoine, c'est comme Édouard ou Charles. Un prénom de classe. Un garçon, ça s'appelle Jean (comme son fils), Pierre, Paul ou Robert. Pas Antoine. »

Je me souviens des prénoms cités, car je me suis souvent demandé pourquoi elle avait rejeté si abusivement le prénom d'Antoine. Je m'aperçois en souriant que Pierre et Paul sont les prénoms de ses frères et Robert, celui de son premier mari.

Elle joue avec le bébé d'un mois sorti de son berceau. Elle place la petite main du bébé sur la sienne, toute petite aussi, puis en dessous et ainsi de suite, tendrement. Cet instant de répit ne dure que pendant le plat d'entrée. On emporte le bébé dans une autre pièce et Marguerite s'en prend directement à Jean-Daniel :

« C'est une chance pour les médecins de soigner des écrivains. »

D'abord, je ne comprends pas ce qu'elle lui signifie, mais elle précise :

« Tu as eu beaucoup de chance. Avec moi, la médecine fait des progrès considérables. »

Nous sommes tous ahuris, sans voix et Jean-Daniel, si sensible, quasiment terrassé.

Jusqu'à la fin de la soirée, elle tient son thème : l'efficacité du médecin, c'est l'intelligence du malade. Elle méprise le corps médical en bloc, mais Jean-Daniel, exceptionnel, a su profiter de son alcoolisme.

Personne ne lui répond. Elle pérore. Chacun garde

en soi sa tristesse. Sur le pas de la porte, alors qu'elle s'éloigne avec Yann, elle nous invite :

« Venez là-haut demain à cinq heures. Puisqu'on ne boit plus que du thé... » Et dans un merveilleux sourire : « On causera. »

Pour la première fois, depuis presque une trentaine d'années, je n'ai plus envie de l'entendre, mais Jean-Daniel conclut :

« On ira demain. Son agressivité provient de l'abstinence. Elle a souffert toute la soirée. »

Le lendemain, elle nous attend, elle nous embrasse comme si elle nous retrouvait après un long voyage, elle nous regarde avec amour. C'est son moment. Elle s'assoit derrière sa grande table, bien calée sur ses avant-bras et elle commence à parler, à nous raconter des histoires. J'ai oublié toutes les histoires, mais pas sa joue droite dorée par la lumière de l'abat-jour, pas ses mains d'enfant qui caressent le tissu jeté sur la table. Elle parle deux heures de suite sans s'arrêter, sauf pour rire de son verre d'eau qu'elle déguste lentement, gorgée après gorgée, comme elle buvait le vin.

Conférencière de rien, extraordinaire en insolite, en saugrenu, elle saute d'une histoire à l'autre. Folâtre, ensorcelante comme elle a pu l'être pour ses amants, elle fait perdre le sens du temps et la mémoire. Cette Shéhérazade, je ne l'ai jamais entendue et je ne l'entendrai plus jamais comme ce soir-là. Uniquement ce soir-là, son acte de renaissance et son merci.

Besoin de quitter Paris en cette année 83 qui commence. M'éloigner d'elle. Partir n'importe où, mais sur mon propre chemin. Quand je me sens égarée, je m'égare davantage. Au loin, solitaire, l'exploit oblige à se retrouver. Cette fois, il me faut un pays à la mesure des épreuves traversées avec elle. L'Afrique où je m'étais promis de ne jamais retourner après mon si pénible périple au Mozambique en guerre, l'Afrique et ses incessantes convulsions, me semble soudain propice à l'oubli de l'Hôpital Américain. Je connais au Bénin une coopérante qui pourrait m'héberger.

En Afrique, l'aventurier est rarement frustré. Pendant mon séjour, le Nigeria voisin expulse ses immigrés togolais qui doivent regagner leur pays en passant par le Bénin. Les cortèges lamentables de personnes déplacées atteignent Cotonou et Porto-Novo. J'ai peur des pillards, de leurs couteaux. Qui n'a éprouvé cette peur en reste aux images devenues presque banales de la télévision. Là, j'évite de regarder les cadavres sur les bas-côtés de la route poussiéreuse, mais je vois les hommes qui se jettent à l'eau dans l'espoir de s'agripper aux cordages d'un bateau en partance, je vois ceux qui se noient. Je les vois se noyer. Sur la route, les moins affamés continuent d'avancer vers le Togo où on les laissera pourrir dans des camps ou subsister faiblement jusqu'à leur trépas. Ils tremblent sous le soleil accablant. Comme au Rwanda, au Zaïre, aujourd'hui.

Incapable de déballer mes valises. Je frissonne, je grelotte. Fièvre. Peut-être le palu ? Peut-être l'épuisement après les misères africaines ? Mais bonheur enfin immense : j'aurais pu tomber malade là-bas et je suis dans *mon* lit.

Marguerite s'intéresse à ma fièvre, décrit les symptômes du paludisme, les crises de sa mère en Indochine, moins graves cependant que celles de la dysenterie amibienne. Avec beaucoup de tendresse pudique, elle conclut : « Tu en as vu de toutes les couleurs cet hiver... » J'entends qu'elle fait allusion à la peur que nous avons eue de la perdre. Elle ajoute : « C'est le contrecoup de tout ça, mais ce qui compte c'est le petit enfant, c'est Antoine, c'est ce qui domine tout. »

Puis, dans la même émotion : « Je n'aurais pas supporté ce que tu as vu là-bas. As-tu écrit un papier pour *Libé* ? »

Je n'y ai pas pensé, ni pour *Libé*, ni pour un autre journal. C'est elle la journaliste-née, toujours sur le qui-vive dès qu'il s'agit de dénoncer l'injustice.

« Le journalisme n'est littéraire que s'il est passionnel. Quelquefois je pense que le journalisme tendancieux, flétri comme tel, est le meilleur journalisme. Au moins, il rétablit l'ignorance, il fait douter de la version de l'événement. »

La double pneumonie qui se déclare sera à l'origine de mes futurs et constants troubles pulmonaires.

« Comme moi, dit Marguerite persuadée qu'elle a de l'emphysème. Les écrivains étouffent, c'est bien connu. »

Pour l'instant, elle anticipe. Les médecins disent qu'elle fabule sur l'emphysème – un mot qui doit lui plaire – mais quand, à la fin de sa vie, sa gorge sera trouée, percée d'un tube et ses poumons incapables de respirer sans un apport d'oxygène, je songerai encore une fois à ses pressentiments, à ses paroles annonciatrices.

Lorsque je vais mieux, Marguerite me propose de visiter avec elle l'exposition Yves Klein à Beaubourg. Pour la première fois, je me trouve avec elle dans un lieu public, autre qu'un bistrot ou un théâtre. On la reconnaît, on lui remet timidement des lettres. Jusqu'à présent, je n'ai vu que des acteurs emplir ainsi leurs poches de billets doux. Chaque écrivain a les lecteurs qu'il mérite. Les siens ont de bonnes têtes : « Auriez-vous la gentillesse de lire ce mot ? » Discrets, ils s'éclipsent, en même temps qu'ils s'avancent : « Je ne veux pas vous déranger, mais ce que vous écrivez est si beau. » Une dame aussi s'approche : « Vous êtes bien madame... » Marguerite s'apprête à répondre : « Oui », et la dame poursuit : « Madame Ankian ? » Marguerite rit. Même inconnue, on la prend pour quelqu'un.

Dès la première salle, elle avise un monsieur qui semble avisé. Elle l'interroge, engage une conversation, comme elle le fait chez les commerçants ou au café. Il se trouve que le monsieur a été l'ami intime de Klein.

9« J'ai passé la soirée avec lui, la veille de sa mort.

– Il s'est suicidé ?

– Non. Arrêt du cœur. »

Marguerite, un peu déçue. Elle admire Klein parce qu'il a tenté le vide, le rien, une peinture qui n'en soit plus une. Elle dit : « L'écrit, au-delà de l'écriture, il faudra que je m'en explique un jour. » Elle se repose : « Il n'y a rien de mieux que de s'asseoir dans un musée. »

J'ai pensé si souvent la même chose. Petites phrases qui confirment l'amitié.

Nous allons jusqu'à l'exposition voisine : Georgio de Chirico. Le contraire de Klein, il occupe le tableau. Composition, humour, vitalité. Devant une toile très gaie. Marguerite dit : « Une seconde, j'ai cru entendre rire. » Mais après deux salles, elle constate : « Là, je commence à voir comment c'est fait. Klein, c'est peut-être plus fort. Chirico, on peut avoir ça chez soi, en toute sécurité. Ça ne dérange pas.

– Ça ne dérange pas ? !

– Non, la profondeur illimitée, Bellini, c'est strident.

– Comme Bach ?

– C'est ça. L'autre jour, j'ai entendu parler un chef d'orchestre. Il disait qu'il y avait des morceaux où, dès les premières notes, on savait qu'on allait vers la chapelle centrale... Chapelle centrale... J'ai entendu aussi Rubinstein à la télé. Il disait : “ Mozart, c'est comme la mort, on ne peut jamais l'attraper. ” Les musiciens disent des choses... »

Au printemps, nous allons, Marcus et moi, la voir à Trouville. Nous dormons dans une de ses propriétés : une chambre de personnel dans une cour carrée de l'autre côté de l'ex-palace des Roches Noires où elle a son appartement. Marguerite adore acheter des petites chambres dès qu'elle gagne un peu d'argent. Elle s'est procurée cette pièce sans fenêtre qui ressemble à un box de garage pour y loger ses invités ou les amis d'Outa. Elle nous en vante sincèrement le calme et la commodité, comme elle croit que son appartement donne sur la mer, alors qu'il donne en majeure partie sur la rue, à l'opposé de la mer, et qu'il faut se pencher sur le côté pour apercevoir un bout de Manche. Peu importe, de son balcon, son regard s'étend jusqu'au golfe du Siam.

Je voudrais la convaincre de mieux gérer son argent. Qu'elle le confie peut-être à un homme d'affaires, à un expert. Pas question, on la volerait. Tandis qu'avec ses chambres et ses infimes loyers, elle peut veiller à son bien. Elle croit que si elle ne touche pas ses droits d'auteur, qu'elle laisse en grande partie à ses éditeurs, elle ne payera pas d'impôts. Même Outa approuve. Le fils et la mère dépensent peu. Ils ont le même sens de l'économie qui recouvre en fait un déni de la richesse, presque une peur de l'argent.

Outa en même temps que sa mère dans le petit appartement de Trouville, la dérange, mais il se défend : « C'est toi qui encombres. T'as qu'à te barrer puisque tu te baignes pas. » Marguerite enchantée qu'il lui résiste, nous prend à témoin : « Ah, Outa, comme il me ressemble. J'ai mal élevé mon fils, je l'ai trop gâté, j'avais trop peur de le perdre. Les enfants, si vous saviez le bonheur qu'on leur veut. Comme si c'était possible... A la seconde même où l'enfant sort du ventre, on a l'enfant depuis toujours. Au sens léger, mondain, artificiel du terme, on peut dire qu'on a la vie gâchée, mais bravo... »

Elle dit encore : « Je n'ai jamais osé écrire sur Outa. C'est mon seul sujet tabou. »

Outa rit de bon cœur. Il repart pour Paris.

Elle nous emmène dans ses promenades favorites au-dessus de l'estuaire de la Seine ou sur les docks près du Havre contempler les longs troncs couchés des arbres exotiques, les « cadavres des forêts ».

« J'ai grandi entre ces arbres-là. »

Elle les caresse, elle s'emporte contre leur massacre. Elle se fâche contre mon indifférence.

Étant enfant à Paris et en vacances dans des hôtels, je n'ai approché longtemps la nature que dans les musées où mon oncle me montrait les tableaux des impressionnistes. La campagne pour moi, c'était la salle Moreau-Nétalon du Jeu de Paume. Je commence à peine à contempler les arbres fruitiers dans les vergers de Neauphle.

Marguerite me dévisage sans aménité : « Les hommes détruisent leur planète, tu es la seule à ne pas voir ça. Maintenant quatre-vingt-dix pour cent de l'humanité est prévenue des dangers qu'elle encourt, c'est ça le progrès ! »

Mon insensibilité de cette époque à l'écologie lui paraît une tare grave (elle dirait : un défaut d'intelligence) ou pire :

« Ça vient de là, ta dureté, tu as manqué d'arbres ! Moi, j'ai eu des forêts, des pluies, j'ai eu mon point de départ. Mes racines demeurent dans la terre vietnamienne.

– Tu n'as jamais voulu revoir le Vietnam ?

– Je ne l'ai jamais quitté.

– Tu y retournes en écrivant.

– C'est ça. Il n'y a rien en dehors de l'enfance. Tout

ce que j'ai vécu après ne sert à rien. Il a raison Stendhal, l'enfance, interminablement l'enfance. »

Mon enfance sans racines l'intéresse. Nous retournons souvent au Trianon-Palace. Pour elle aussi, cet hôtel ressuscite le passé. Dans la longue allée vitrée, elle revoit les coursives des paquebots où déambulaient les « première classe ». Elle dit qu'elle aime le Trianon pour sa blancheur.

« Le blanc des marbres, le blanc des nappes, des peintures laquées. Le blanc, c'est la couleur des riches. »

Elle ne se lasse pas du récit des extravagances de mon grand-père.

« Raconte à Yann le soir de la déclaration de la guerre. »

Mon grand-père avait fait, paraît-il, un scandale parce qu'il n'y avait pas de croûtons dans le potage Saint-Germain. On s'était excusé : « Mais monsieur, c'est la guerre. » Il aurait rétorqué : « Et alors, tant que les chars n'entrent pas dans Versailles, on peut servir des croûtons. »

J'entends encore son rire. Chaque fois, le même. C'est incroyable ce qu'elle aime que les choses se répètent.

Elle dit : « Dans la vie, on ne fait que rabâcher. »

« Raconte encore cette nurse qui notait ta conduite à table.

– Elle m'avait mis dix sur dix pour avoir mangé “ toute ” une sardine. Et seulement huit, un autre jour parce que, avait-elle dit, la sardine n'était pas grosse. »

Marguerite rit : « L'enfance libre, c'est l'enfance pauvre. J'ai vécu dans une région très pauvre et c'est le pays le plus gai que j'aie traversé. »

Le livre de Yann *M.D.* sort des presses. Que ses notes si intimes soient imprimées et composent un livre me confirme dans l'idée de publier celles que j'ai prises l'été précédent. Je les mêlerai à d'autres fragments, sous le titre simple de *Brèves*. Je demande à Marguerite si elle veut lire les notes qui la concernent.

« Non, c'est bien que tu n'aies pas eu peur d'écrire. Tout le monde a peur d'écrire. »

Sa confiance la rend souveraine, au-dessus des doutes mineurs et de ceux qui doutent. Je l'admire à ce moment-là autant que je l'aime.

Autre chose l'intrigue davantage. Malicieuse, elle m'interroge : « A quelle lettre, vas-tu ranger le livre de Yann, dans ta bibliothèque ? »

Sa question me fait sourire, je me la suis déjà posée :

« Eh bien, à D... Puis quand Yann aura écrit un second livre, à A. Andrea.

– C'est ce que je pensais. »

Elle pense à tout.

M.D., cette fabuleuse déclaration d'amour, ne rassure pas Marguerite et Yann se tait de plus en plus souvent. Elle s'attriste.

Elle s'ennuie. Elle pique à la machine deux vestes-kimonos pour elle et pour lui, les mêmes, en tissu acrylique de mauvaise qualité.

« Tu vois, Yann, je l'emmerde. Je suis quelqu'un qui parle tout le temps, qui réfléchit, qui parle, qui l'emmerde, mais s'il ne m'a pas, il s'ennuie. »

Elle relit Michelet « jusqu'aux larmes » et encore Madame de Lafayette : « Tu as vu comment elle la remonte, la Princesse ? »

De Kafka que je relis, moi, cet été-là, elle dit : « Kafka, oui dans le temps, mais cette obstination têtue manque de grâce. »

Elle écrit une lettre à Mitterrand. Elle m'en résume la teneur : « A bas la tristesse. Laissez circuler l'argent puisque c'est ça qui anime. Oui, bien sûr, le prolétariat, mais l'argent aussi... »

« Ça te choque ? » Elle insiste : « Je le sens, il y a quelque chose à faire avec l'argent... »

Ses réflexions procèdent de renversements, de mises à plat qui l'amènent naturellement à des généralités provocantes :

« Il n'y a pas d'intellectuels aux États-Unis.

– ? !

– Les intellectuels ne sont ni des experts ni des politiques. En Amérique, ils n'ont que ça. »

Pourtant, elle réfute les généralités. Elle dit : « Je ne pense plus en rien en général, sauf de l'injustice sociale. »

Elle s'énerve contre un ami qu'elle a invité : « Ce qu'il est moche, ce qu'il m'emmerde, il me suit partout. »

Elle voudrait reprendre une chronique dans *Libé*. Elle dit que July ne lui répond plus au téléphone.

Elle dort mal. Depuis longtemps, nous parlons ensemble de ce mystérieux caprice du sommeil. Que l'on s'endorme difficilement, la tête lourde de soucis ou trop éveillée de désirs, soit, mais pourquoi se réveille-t-on soudain à trois, quatre, cinq heures du matin alors que l'on souhaiterait tant continuer à dormir ? Pourquoi ce coup de poignard en pleine poitrine ? Porté par quel ennemi ? Depuis longtemps, je souhaite interroger Marguerite et d'autres artistes enclins plus que d'autres à l'insomnie. Elle refuse, mais un jour, elle me dit :

« Tu sais, j'ai réfléchi pour l'insomnie. Maintenant, je crois que j'ai quelque chose à en dire. On peut enregistrer. »

« L'insomnie creuse l'intelligence... »

Son interview donne le coup d'envoi d'un livre, *Éloge de l'insomnie*, que je lui dois.

Yann disparaît parfois sans prévenir. Marguerite retient son angoisse. Elle qui exagère tout, ce chagrin-là, sûrement le plus profond, elle le garde secret. Elle ne se plaint pas.

Elle note : « J'ai dit à haute voix la date du jour qu'il était, le lundi 15 juin 81, que vous étiez parti dans la chaleur terrible pour toujours et que je croyais, oui, cette fois, que c'était pour toujours. »

Depuis cette date, il y a deux ans, Yann a dû fuguer et revenir souvent. Une nuit, il me téléphone de Trouville, où il est parti, dit-il, pour se suicider.

Je relate ce coup de téléphone dans mon carnet :

« Deux heures pour convaincre Yann de vivre encore. Il dit qu'il a si peu d'élan vital. Marguerite lui en donne, mais elle peut tout lui reprendre et il ne supporte plus d'être soumis à son pouvoir. Il ne peut plus vivre avec elle, ni se suicider parce qu'il la tuerait de chagrin. En est-il certain ? Elle se choisit toujours, répond-il, lucide. Elle veut tout ou rien et depuis six mois, il préfère n'être RIEN. Il médite toute la journée une manière de se suicider. Je lui déconseille le Rohypnol. Je lui dis que je possède un meilleur produit dans l'espoir qu'il me prévienne s'il se décide vraiment. »

La conversation rebondit de confidence en confidence et il me lâche : « Marguerite pense que tu n'es pas dans l'écriture. »

Yann essaye d'atténuer ce qui lui a échappé : « Elle dit que tu as du courage, que tu y vas quand même. Vous avez, toutes les deux la même exigence, une austérité commune. Il faut toujours que vous fassiez quelque chose. Vous avez la même morale : le faire. »

Je plaisante : « Une morale de fer. »

Je lui demande de rentrer à Neauphle au plus vite.

Je ne suis pas blessée par ce que m'a rapporté Yann. J'en sais la vérité. « Être dans l'écriture » serait s'y donner entièrement. « Être dedans », son expression clef, je n'ai pas pris ce risque bien que j'en aie pris beaucoup d'autres. J'ai trop voulu le mouvement, les gratifications rapides, trop craint l'immobilité mortelle de l'écriture. De ce risque majeur, je me suis protégée. Le journalisme, les enfants m'ont servi de remparts. J'ai partagé ma vie. A demi-vie, demi-écrivain.

Tôt le matin, je téléphone à Marguerite pour la prévenir de l'appel de Yann. Son inquiétude ne se révèle que par son calme.

« Il t'a dit quand il allait revenir ?

– Il n'a rien précisé, mais il va revenir. »

Elle ne pose aucune autre question. Son extrême discrétion me bouleverse. Je lui propose de passer la voir dans la journée.

« Si tu veux. »

Je grimpe, un peu gênée, la sente du Vieux-Moulin. Elle ne peut rien me reprocher, mais que je sois le témoin de la cruauté de Yann à son égard pourrait suffire à lui déplaire.

Elle est assise sur un banc du parc. Elle dit que beaucoup de gens aimeraient rester assis sur un banc toute la journée, mais qu'elle, à la différence des autres, elle le fait. Elle dit que Yann et elle devraient se tuer. Elle dit aussi qu'elle n'imaginait pas que le plus fort de la vie pouvait survenir presque à la fin. Yann va arriver, mais elle va le tuer s'il continue à se taire.

« L'envie de tuer est une constante de ma vie : une des constantes les plus constantes. Ceux qui prétendent n'avoir jamais eu envie de tuer sont des menteurs. Tu en as eu envie, toi ?

– Oui, une fois, un amant, j'ai voulu l'écraser en voiture. Il n'a eu que le temps de se cacher dans une porte cochère. Mais dans l'ensemble, j'ai eu plutôt envie de me tuer, moi. »

Marguerite rit enfin, s'éveille, semble sortir d'un refuge. Je lui confie encore quelques péripéties qui la distraient. Nous nous embrassons tendrement et je la laisse, assise sur le banc.

« En ce moment même, tu écris.

– L'écriture traverse tout, même les portes fermées. Si je n'écrivais pas, je pourrais tuer la terre entière. »

Comme le Vice-Consul dans les jardins de Shalimar, elle pourrait ce matin, tirer sur la mort.

Yann est revenu, mais il ne parle plus depuis plusieurs jours. Le silence comme arme de guerre. Marguerite crie : « Qu'il foute le camp, je préfère. » Elle a repris de la vigueur. Elle l'exhorte à partir. Il ne répond plus, il rase les murs ou il reste enfermé dans sa chambre. Elle me dit : « Viens manger. Au moins, quand tu es là, il descend. » Et une fois à table, devant moi, il émet un désir bizarre. Il lui dit qu'il est mort, qu'il n'a plus d'existence et qu'il lui faut sortir de la maison, au moins, deux heures par jour. Il affirme qu'elle l'empêche de parler à sa mère, à ses sœurs, à ses amis, à quelqu'un d'autre qu'à elle.

Yann parle maintenant à flot continu sans s'interrompre :

« Vous ne supportez que votre avis. Ce contre quoi vous n'avez pas de prise, vous le niez, ça n'existe pas. Vous voulez me tuer, c'est ça ? »

Nous restons, Marguerite et moi, pétrifiées, sans un mot.

Il dit qu'il n'a plus de parole puisqu'elle a toujours raison. Il veut entendre sa parole « à lui », savoir même s'il en a une. Il veut parler sans être interrogé. Il veut être enregistré. Il pourra ainsi s'écouter lui-même s'il le désire, écouter la personne qui s'appelle Yann Andrea. Il la reconnaîtra peut-être.

Son plan mûrement médité présente une folie et de la folie, Marguerite se sent toujours proche. Elle s'adresse à lui doucement.

« Je vois, vous voulez faire vous-même votre psychanalyse. »

Yann ne l'entend même plus. Il complète la description de son plan, cette organisation maniaque, par une clause surprenante : C'est chez moi qu'il veut venir deux heures par jour.

Marguerite me dévisage lourdement, comme si elle me soupçonnait.

Avec une autorité insolite, contraire à son caractère si peu volontaire, Yann me précise ses directives :

« Tu n'auras qu'à brancher le magnétophone et me laisser dériver. »

La perversité de la situation imaginée par Yann crée un malaise que j'essaye de dissiper. J'invoque un travail urgent, mon manque de temps.

Yann n'est pas déstabilisé par mon excuse.

« On peut réduire la séance à une heure », dit-il.

Marguerite intervient :

« Enfin Yann, vous voyez bien qu'elle ne peut pas.

– C'est à prendre ou à laisser. »

La fermeté de Yann si différente de sa souplesse habituelle fait presque peur.

Un long silence s'ensuit.

L'évidente souffrance de Yann et les dangers de cette crise, sans doute plus longue que les précédentes, pèsent sur Marguerite que je vois, pour la première fois, devenir humble. Elle se tourne vers moi.

« Tu n'as vraiment pas une heure pour lui ? »

Yann s'éclaire de ce feu vert. Amour, reconnaissance ou habileté, il s'exclame.

« De toute façon, vous savez bien que je ne parlerai que de vous !

– Ça, j'en suis sûre. »

Orgueil retrouvé, Marguerite apparemment apaisée, mais à sa place le dispositif de Yann me ferait horreur. Je tente encore une dissuasion.

« Yann pourrait parler à quelqu'un de plus neutre, de plus professionnel.

– Non, dit-il, ici, c'est plus facile. »

Il ne veut qu'un magnétophone et moi, pour l'écouter.

« Juste pour qu'il y ait une présence qui m'incite à parler, dit-il.

– A Paris, tu trouverais quelqu'un de plus disponible. »

Mais Marguerite ne souhaite peut-être pas qu'il aille à Paris, elle le soutient :

« Il faut faire comme il dit. Vous voyez, Yann, que je n'empêche rien. »

Rendez-vous est pris pour le lendemain à quinze heures. Yann, ponctuel, se présente quand les trois coups sonnent au clocher de Neauphle. Je branche le magnétophone. Je ne dis rien. Il commence :

« Je voudrais parler d'elle. En même temps, c'est tellement énorme, tellement fou, je ne sais comment l'aborder, comment aborder ce personnage... »

Yann parle, parle. Vers seize heures, d'instinct il surveille sa montre. Quand quatre coups sonnent au clocher, il se lève d'un bond comme on s'enfuit : « A demain. »

Yann s'épuise. Après quelques jours, il estime qu'il a assez parlé, il décide la fin des enregistrements. Je lui donne les cassettes, mais il les refuse. Il préfère que je les garde.

« Tu voulais les écouter... »

Il ne veut plus. Pas pour l'instant.

A Paris, à la rentrée, je lui demande encore de reprendre ces cassettes. Leur dépôt chez moi me gêne comme un secret qu'on n'aurait pas voulu savoir, mais Yann fait la sourde oreille. Je lui fixe enfin rendez-vous dans un café des Halles pour lui remettre le paquet de cassettes. Il ne vient pas. Je tiens toujours ce paquet à sa disposition.

L'Amie

Dans ses enregistrements, ce que Yann m'a dévoilé me touche si personnellement et d'une manière si récurrente que je finis par en écrire une nouvelle. Je range la nouvelle dans un placard. Jusqu'à aujourd'hui où tout ce que révèle ce texte a été déjà plus ou moins divulgué, mais la subtilité de Yann, j'espère, y demeure.

L'amour de la lecture

Il était encore étudiant. Il traînait çà et là dans des appartements à moitié vides, meublés seulement de matelas et de livres. Il ne regardait pas les filles, il feuilletait les livres. Un jour, il en prit un au-dessus d'une pile et resta la nuit entière à le lire, à côté d'un type qui dormait la bouche ouverte. Personne ne lui avait parlé de ce livre ni de cet écrivain. A son prénom, il savait seulement que l'auteur du livre était une femme. Au matin, il sortit et, dans le café le plus proche, commanda un Bitter-Campari comme en buvaient les personnages du roman. A cette heure et dans cette ville de province, on ne buvait pas de Bitter-Campari. L'homme du café parut surpris. « C'est pas souvent, dit-il, qu'on me demande ce machin-là. » L'étudiant eut la nausée dès la première gorgée. L'homme du café, de plus en plus intrigué, commenta : « C'est amer, imbuvable, c'est pour les maladies du foie. » L'étudiant s'imposa de boire du Bitter-Campari pendant trois jours. Au bout d'une semaine, il était habitué à la saveur âcre, à la couleur rougeâtre de cet alcool, il aimait tenir au creux de sa main le petit verre sombre. Les amis dans la ville se moquaient de lui ou bien s'intéressaient à son mystère. Il se procura tout ce que l'écrivain avait publié jusque-là. Il lisait tout plusieurs fois. Il était séduit. Il en arriva à ne plus lire que cet écrivain-là. Il laissa tomber ses études de philosophie. Il abandonnait ses parents, ses goûts anciens pour ne plus lire qu'elle. Tout ce qu'elle écrivait lui correspondait si profondément que sa lecture dépassait l'entendement. Il se sentait pris, obsédé par une présence qui ne le quittait plus. Parfois, on parlait autour de lui de cet écrivain, il ne supportait pas une critique et quand il défendait son œuvre, il rougissait comme s'il s'était agi d'une personne. Il ne savait plus s'il défendait un texte ou une femme. Il ne connaissait rien de la femme, mais il relisait des pages de ses livres jusqu'à les savoir par cœur. Oui, c'est cela, par cœur. Il était atteint au cœur, atteint comme par une passion. Il avait eu d'autres passions littéraires. Pour Stendhal, pour Proust, mais cette fois il avait l'impression que cet auteur inconnu de lui n'avait écrit que pour lui. Il devait opérer le vide de toute lecture antérieure pour qu'elle, cet écrivain, le remplisse et même le vivifie car, avant cette lecture, il avait si peu vécu. Les textes l'animaient, lui donnaient la réplique. Il achetait tout ce qu'il trouvait de cet auteur dans toutes les collections. Il ne souhaitait pas le rencontrer, il n'y pensait même pas. L'écrivain vivait en lui, en son lieu le plus cher, le plus envahissant, au sein de son imaginaire. Il n'avait même pas l'idée de se renseigner sur la biographie de l'écrivain, il n'était pas intéressé de savoir si elle avait des amants, des enfants, il était comblé par ce qu'elle avait écrit, par ce qu'elle écrivait. Ce qu'il éprouvait quand il la lisait lui procurait des émotions si intenses qu'il en vint à raréfier sa lecture. Il en arrivait à ne plus pouvoir lire que deux ou trois pages à la fois, à déambuler dans les rues en se les récitant.

Puis un jour, à l'université de la petite ville, un débat avec l'écrivain fut annoncé. On devait projeter un film que l'écrivain avait tourné et que l'étudiant était déjà allé voir à Paris une bonne dizaine de fois. L'annonce de la projection du film et du débat le paniquait, mais le jour venu, il se rendit comme un automate au cinéma et s'assit au premier rang. A la fin du film, on posa des questions. L'étudiant ne savait pas parler, mais il se lança. Il ne questionna pas l'écrivain. Il lui parla de deux plans dont il pensait avoir saisi la signification cachée. Il insista sur le rapprochement entre ces deux plans, sur le même mouvement explorateur de la caméra qui devait dévoiler la même perte. Elle comprit qu'il était très au courant de son travail. Elle lui dit : « Vous avez raison. » Il aurait désiré lui offrir des fleurs, mais ses copains l'en avaient empêché. C'était un truc de midinette, disaient-ils. Il aurait quand même voulu accomplir ce geste démonstratif qu'il jugeait acceptable par une femme comme elle, sans convention. Il ne sut que sortir de sa poche un exemplaire d'un des livres les moins connus de l'écrivain et s'avancer vers elle, quand la salle se vidait, pour le lui faire signer. Elle signa sans le distinguer spécialement. Il lui demanda s'il pouvait lui écrire chez son éditeur. Elle répondit : « Écrivez plutôt chez moi » et elle lui donna son adresse. Il était stupéfait. Puis, elle proposa à ceux qui l'entouraient d'aller boire une bière. Ou plutôt, elle dit : « J'ai envie de boire une bière », et tout le monde la suivit. Il y avait quelques copains et les organisateurs du débat. Elle seule parlait. Il se rappelait seulement qu'elle avait parlé de la province, de l'effet de cette province sur elle, puis de son fils qui ne voulait pas apprendre le piano. Il ne remarquait que sa voix qui chantait et son rire. Il ne l'aurait pas crue si rieuse. Mais surtout, il ne faisait que penser : C'est elle. Elle qui a écrit tout ça. Elle avec qui je vis depuis deux ou trois ans. Il s'appliquait à retenir des détails : ses bracelets, ses bagues. Puis, il s'aperçut de cette autorité qu'elle avait dans la voix, l'envol des mots, des ruptures silencieuses, de ce charme qu'elle opérait sur son auditoire. Il était bouleversé par tant de force. Déjà, quand elle s'était présentée après la fin du film : « Voilà, je suis là. Je m'appelle ainsi. J'ai fait ce film. Je n'ai rien à vous dire. J'attends vos questions. Et s'il n'y a pas de question, je m'en vais. Cela m'est égal. » L'étudiant se souvenait qu'un long silence avait suivi ce préambule. Puis, qu'elle avait répondu à la première question avec un humour inattendu, une drôlerie tellement à contre-pied de la sévérité énergique de ses premières paroles qu'elle avait immédiatement fasciné l'assistance. Il était lui-même si fasciné qu'il avait l'impression qu'elle s'en était aperçue, qu'elle l'avait repéré, qu'il n'était pas présent par hasard. Au café, il n'avait pas prononcé un mot. Non par timidité, mais parce qu'il était gêné par les autres, il voulait l'avoir pour lui seul.

Après, il lui a écrit. Il lui écrivait souvent, des lettres extrêmement courtes, des billets plutôt où il demandait une rencontre. Il écrivait qu'il l'aimait, qu'il désirait la rencontrer, mais qu'il était peut-être préférable qu'il ne la rencontrât pas pour ne pas briser quelque chose. Il était, d'après lui, d'une maladresse inouïe. Au bout d'un an, un premier avril, ou bien un premier mai, elle lui a répondu. Elle disait en substance : « C'est impossible de répondre à votre demande. C'est à vous de décider. Je n'ai pas envie de vous dire si vous devez me voir. » Il conclut que ce n'était pas la peine de la voir. Il en brûlait d'envie. En même temps, il décidait que l'éloignement convenait mieux à son adoration. Il lui écrivait de plus en plus, presque tous les jours et sans attendre de réponse. Le plus souvent, il lui adressait simplement une phrase tirée d'un de ses propres livres, et là, inconsciemment, il n'était pas maladroit. Elle ne pouvait être qu'émue à se relire. Elle ne répondait jamais. Il n'attendait rien, il savait qu'il n'y avait pas de réponses possibles. Il espérait seulement qu'elle ouvrait les enveloppes et qu'elle lisait ses brefs messages d'amour. Pendant des années, beaucoup d'années, environ sept, il imagina qu'elle les lisait.

Cette passion, l'étudiant la partageait avec une jeune fille avec laquelle il vivait. Ensemble, ils buvaient du Bitter-Campari et se lisaient à haute voix les livres de l'écrivain. Ils n'admettaient en leur compagnie que les admirateurs sans réserve de l'écrivain, se fâchant avec eux lorsqu'ils se permettaient de lire d'autres auteurs. La jeune fille présenta même une maîtrise sur l'œuvre de l'écrivain. Mais pour l'étudiant, l'amour avec la jeune fille ne pouvait pas durer. Il avait l'idée de la fin, tandis qu'avec l'écrivain, il vivait sur le mode de l'éternel. Par les textes, elle lui appartenait éternellement, il avait le sentiment qu'il pouvait s'emparer d'elle aussi longtemps qu'il le voudrait, qu'il était maître du temps. Il se sentait décollé, voire même coupé de la réalité, mais cet état lui convenait. La jeune fille ne suscitait en lui aucun désir charnel. L'écrivain, non plus. Il ne souhaitait pas que la jeune fille ressemblât à l'une des héroïnes de l'écrivain. Surtout pas. Aucune confrontation n'était envisageable, il voulait préserver le domaine clos et fixe de son imaginaire de toute intrusion du réel. Ce qui le touchait au plus profond de lui-même dans l'œuvre de l'écrivain, c'était justement la dimension du temps et de la mort. L'écrivain parlait de la passion frappée de mort, de la passion qui foudroie, de la vérité de cette passion invivable qui détruit tout, qui ne peut pas exister sans la destruction de quelqu'un, sans la mort. Elle parlait de ce qui le concernait au plus intime : l'impossibilité d'aimer sans tuer ou sans mourir. Dans les textes de l'écrivain, il s'attardait aux silences, aux temps longs, aux indications entre parenthèses qui lui paraissaient comme les rituels d'une célébration funéraire. Cette femme le délivrait et l'absolvait de son propre ratage en célébrant le ratage essentiel de l'amour. Il n'espérait plus aucune solution.

Mais un jour d'un mois de mars, il reçut une lettre magnifique. Une page : « Je voudrais être près de vous... » Il sut aussitôt que les innombrables lettres qu'il lui avait adressées avaient compté pour elle. (Il devait plus tard en avoir la confirmation en les trouvant toutes rassemblées dans un tiroir.) Il pensait : quelque chose de moi l'a touchée, je me croyais seul dans ma passion, mais elle en a été émue aussi. Cette lettre, après sept années de silence, lui ouvrait un espace. Il en perdait le sommeil, il en devenait fou. Il finit par chercher son numéro de téléphone.

Quelques années plus tôt, il avait appris son véritable nom et cela avait été pour lui une terrible désillusion. A l'époque, il pouvait passer des heures à écrire son nom sur des feuilles de papier. Tout ce qu'il croyait savoir d'elle, c'était son nom qu'il avait tant calligraphié et il découvrait que ce nom était faux, que c'était un nom d'emprunt, un pseudonyme, de la fiction. Pour lui, un livre était tellement lié à la signature de son auteur qu'il ne pouvait pas accepter qu'elle ait une autre identité que celle de l'auteur de ses livres. Il s'était empressé d'oublier le vrai nom, mais il ne l'avait pas oublié et il le trouva facilement dans l'annuaire, bien qu'elle prétendît figurer sur la liste rouge des abonnés protégés. Il appela, il dit simplement son prénom. Il l'entendit : « Oh ! Là là... », puis : « Ah, c'est vous qui m'écrivez. » Puis elle se mit à parler, beaucoup. Il se souvient que la note de téléphone fut très élevée. Il n'a pas un souvenir précis de ce qu'elle a dit, sauf d'une longue diatribe contre les nouveaux philosophes et d'un rire soudain qui l'a submergé, lui. Qui l'a émerveillé. Il avait oublié au cours de toutes ces années qu'elle pouvait rire. Et il a soudain pensé : mais elle a dix-huit ans. Elle a dit qu'elle partait pour telle ville, qu'il faudrait qu'ils se voient, qu'il l'appelle là-bas.

Un mois plus tard, l'étudiant se rendit dans la ville où travaillait l'écrivain et osa lui téléphoner. Cette fois l'écrivain répondit : « Non, non, je travaille, je ne sais pas s'il faut se voir, je ne sais pas si je peux vous voir, je suis timide. J'ai peur de voir des gens nouveaux, ce n'est peut-être pas la peine... » L'étudiant approuva : effectivement, ce n'est peut-être pas la peine, bon, je suis là... Alors, il entendit un soupir : « Ah vous êtes là... Eh bien, rappelez-moi dans deux heures. » Ce que fit l'étudiant et là, elle dit enfin : « Venez mais apportez une bouteille de vin. » En ouvrant la porte, elle l'embrassa avec beaucoup de tendresse comme un ami de longue date. Il n'avait pas imaginé qu'elle pût ainsi l'embrasser. Si naturellement. D'ailleurs, il n'avait jamais rien imaginé qui pût se transposer dans la réalité. Immédiatement, il fut envoûté par sa voix. Il l'écoutait à peine, il la regardait bouger, s'animer et il pensait qu'elle était pareillement géniale dans la vie et dans ses livres. Ils burent du vin et parlèrent de ses livres. L'étudiant ne s'apercevait pas que la nuit tombait. Il ne voyait plus qu'elle qui anéantissait le reste du monde. Tard, à quel moment de la nuit, il s'enquit d'un hôtel où il pourrait dormir. Elle dit que c'était l'été, que tous les hôtels de la région étaient pleins, qu'il pourrait dormir dans la chambre de son fils.

Le lendemain et les jours qui suivirent, ils allèrent se promener. Ils ne se quittaient plus, elle travaillait devant lui. Elle se montrait affectueuse. Lui pensait qu'il était peut-être amoureux, mais il n'avait pas l'expérience de ce sentiment. Il n'avait jamais abordé de front aucune femme. Il lui fallait toujours un biais, un prétexte, une fiction pour qu'une femme lui soit abordable. Or celle-là, par l'intermédiaire de ses livres, l'avait déjà accueilli. Mieux, au cours de la deuxième semaine, il sentit que c'était elle qui lui montrait la voie, qui établissait ce ton amoureux bien différent de celui qu'elle aurait eu avec un simple lecteur admiratif. De percevoir chez elle ce frémissement le faisait frémir aussi. Le plus déterminant étant qu'il savait déjà qu'il ne pourrait rien lui refuser. Chaque soir, ils s'embrassaient sur la bouche avant de rejoindre leurs chambres. L'étudiant se laissait porter où elle le conduisait, il était tombé amoureux d'une fiction, il rencontrait une femme et cette femme lui imposait de l'aimer comme il avait aimé son œuvre. De l'aimer totalement, physiquement au-delà même de ce qu'il avait jamais pu imaginer. Il ne pouvait pas se dérober, elle était le moteur irrésistible de ce qui allait se passer entre eux. Il avait peur, mais il était si bouleversé qu'il n'écoutait plus sa peur, cette peur qu'il avait toujours éprouvée en face des femmes. Il sentait que quelque chose s'abattait sur lui, qu'il ne pouvait plus que s'y soumettre. Il allait être emporté. C'était terrifiant mais il en éprouvait une jouissance. Comme pendant les nuits où il pensait à se suicider. Il était saisi des mêmes tremblements. Il pensait : Cette femme est ma mort, sa force est immense, c'est elle qui a tout créé, elle va forcément m'emporter quelque part. Elle affirmait qu'elle se foutait de ce qu'elle avait écrit, qu'elle était d'abord une femme qui voulait être baisée. Il l'écoutait dans la stupéfaction et l'épouvante. Il n'avait jamais entrevu la possibilité même d'une liberté aussi sauvage. Ce corps qui réclamait, qui voulait jouir, qui suppliait presque : baisez-moi, le coinçait encore plus dans sa terreur. Jamais, il ne pourrait la satisfaire, jamais il ne serait à la hauteur de son désir. En même temps, cette liberté affolante, elle la lui transmettait. Elle lui disait : « Mais non, vous n'êtes pas pédé, vous êtes un mec. » Elle avait fait cette proposition énorme : « Voilà, je suis là, faites de moi ce que vous voulez. » Il ne voulait rien, seulement la suivre. Il était un terrain propice à sa domination, mais voilà qu'elle lui ordonnait d'être un maître. Elle tenait le discours du maître pour lui intimer l'ordre de la maîtriser et lui devait céder, lui obéir pour la dominer, perdre pied dans ce double rôle intenable. Elle décidait pour lui, elle voulait jouer tous les rôles et qu'il les jouât avec elle. Elle avait été jusqu'à lui dire : « Je vais vous décréer pour vous créer. » L'attirance de cette renaissance l'avait fait bander. Elle répétait : « Mais si, vous êtes un mec. » Et un jour il découvrit qu'il pouvait l'être. Une femme s'était offerte à lui et il l'avait prise et il avait connu l'extraordinaire jouissance de pouvoir la posséder, de pouvoir effectivement être là. Il se demandait s'il avait déjà fait l'amour, il se sentait un homme pour la première fois. Auparavant, il ne savait pas ce que c'était de jouir vraiment, d'avoir un corps avec lequel on peut faire ce qu'on veut. Enfin, il pouvait jouir et faire jouir une femme qui aimait ça. Et cette femme qui lui révélait la sexualité, cette folle d'amour qui l'entraînait dans la passion était l'idole abstraite de son imaginaire. Cette femme pulvérisait toutes les catégories. L'épouvante revenait dans la tête de l'étudiant. Il ne voulait pas renoncer à son adoration littéraire. Il voulait revenir en arrière, conserver l'image de l'écrivain. Surtout ne pas entrer dans le réel. Mais l'écrivain l'emportait dans son propre imaginaire. Elle vivait tout le temps dans la fiction, pareillement débordée, pareillement passionnée dans la vie et dans ses livres. Il comprenait qu'elle se proposait elle-même comme une fiction. Il n'entrait pas dans le réel en l'aimant. Leur passion n'était pas réelle, elle était aussi forte que ce qu'elle écrivait, que ce qu'elle était en train d'écrire. Cette femme n'établissait aucune séparation entre ce qu'elle vivait et ce qu'elle imaginait, elle installait l'étudiant dans cet espace infini et transparent où, d'instinct, il s'était déjà placé avant de la rencontrer. Ensemble, ils se coupèrent du monde jusqu'à l'hiver. L'étudiant connaissait le bonheur. Très vite, elle lui demanda de taper à la machine sous sa dictée ce qu'elle écrivait. Il pouvait suivre les méandres de son écriture. Elle lui demandait son avis. Il avait l'impression de pénétrer dans sa tête comme il avait pénétré son corps. Un corps sans âge. Il n'apercevait même pas le ravage des années sur son visage. Lui-même ne sentait pas sa jeunesse. Il vivait désormais comme elle, hors du temps, dans la fiction d'un amour fou dont il était l'objet.

Parfois à des signes extérieurs qui allaient devenir inquiétants, il remarquait qu'il existait à peine. Par exemple, au restaurant, elle choisissait sur le menu le plat qu'il devait manger. Puis, elle l'habilla. Elle lui donnait ses pulls, ses chemises. Elle lui fabriqua une veste d'appartement de style kimono dont elle décida la couleur. Elle le fit changer de parfum. Elle ne supportait pas qu'il parle au téléphone à ses anciens amis. Il devait tout prendre d'elle, sa façon de se nourrir, de se promener, de regarder, d'être nue. C'était la proposition énorme qui lui était faite. Elle s'était totalement offerte, il devait tout prendre. Soit il acceptait tout, soit il n'était rien et il acceptait tout comme il avait accepté ses écrits. Par moments, il se rebiffait, il essayait d'opérer de petites résistances quotidiennes. Non, pas cette escalope, non pas cette chemise. Mais c'était comme elle avait dit : à prendre ou à laisser. L'impuissance fut son seul recours. A cette esquive-là une femme ne pouvait rien, mais de sa souffrance de femme l'écrivain tirait la matière renouvelée de sa fiction. Elle ne se laissait pas asservir. Son œuvre s'amplifiait tandis que le jeune homme se taisait. Parfois, il songeait à sauver sa peau, mais il ne tenait pas longtemps dans l'idée de cet effort. Des années plus tard, il y songeait encore de manière aussi vague. Une fois, il parla d'elle à un ami, dans l'espoir d'exister un peu par son récit, mais il se sentait coupable. Il craignait de la trahir. Il avait désormais la certitude que s'il s'adressait à une autre personne, il commettait une faute aussi grave qu'un crime. Quand il demanda l'heure à l'ami qui l'écoutait, le clocher se mit à sonner. C'était l'heure exacte où il avait promis de rentrer.

Après l'été, aux répétitions de *Savannah Bay,* dans la grande salle déserte du Théâtre du Rond-Point, Yann se montre de nouveau attentif. Quand Marguerite déploie une telle foi en son œuvre et que Yann voit l'œuvre s'embellir sous ses yeux, il est capté. Il redevient l'ange tutélaire, celui qui, plus ou moins dans l'ombre, veille sur elle et la réchauffe.

Elle émerge de son col roulé comme un général de sa minerve, et lance ses directives inspirées, ses remarques impatientes à Madeleine Renaud, égarée.

« Le texte doit être dit, pas joué. Le jeu donne un sens qui bannit l'amplification, tu comprends ? »

Elle bombarde Madeleine :

« L'acteur est là pour proférer, ouvrir la bouche, être présent. Proférer une parole écrite par d'autres. C'est tout. »

Madeleine en état de grâce, à l'écoute de la voix magistrale qui elle-même se cherche et Bulle Ogier, aérienne, qui accompagne, pas à pas, la mémoire cahotante de l'amour et la « Fantaisie du voyageur », leur duo le soir de la première représentation fait pleurer l'assistance. Les larmes coulent quand le rideau tombe et ne se dissimulent pas quand les lumières se rallument.

L'émotion qui s'empare de la salle ne ressemble à aucun autre triomphe au théâtre. On dirait que chaque spectateur a lu la pièce, un après-midi d'été dans le parc de Neauphle et sait de quel gouffre mortel a jailli ce dialogue ; que chaque spectateur a traversé la brume et a entendu : « Je ne suis pas malade, je suis simplement alcoolique. » On dirait que la salle entière a l'intuition de sa précaire survie. Est-ce Schubert, est-ce la splendeur de l'âge qui fait, ce soir-là, de ce théâtre, une sorte d'église où l'on fêterait des retrouvailles ? Une résurrection ? Marguerite et Madeleine, toutes les deux en noir, minuscules, s'enlacent, se serrent l'une contre l'autre comme pour mieux tenir debout. Elles s'enchantent de ce qu'elles se sont encore fait découvrir.

Quand Marguerite écrivait *Savannah Bay,* elle disait : « C'est pour Madeleine », et je pensais : « Madeleine si vieille, l'une des deux ne sera plus là. Ce projet ne verra pas le jour. C'est un projet fatal. »

Je n'imaginais pas la fatalité du triomphe qui s'impose dans la vie de Marguerite, à intervalles irréguliers. On la vénère autant qu'on la déteste et, parfois, les deux à la fois. Elle accueille les hommages et les rejets avec la même volonté secrète de les contrarier.

Après la représentation, un ami qui se méfie des sentiments, un merle moqueur sifflote : « Schubert et le naufrage de l'âge, qui ne chialerait pas ? »

Splendeur de l'âge ou naufrage de l'âge ? Ma mère cachait le sien au point de ne pas reconnaître ses amis d'enfance parce qu'ils savaient sa date de naissance. Elle avait dit à la mère de mon amie Florence, Clara Malraux, qui avait été en classe avec elle : « Mais non, madame, je ne vous connais pas, je n'ai jamais été dans cette école-là. » Elle devenait la marraine des enfants des commissaires de police de son quartier afin qu'ils l'aident à falsifier ses papiers d'identité. Quand elle est morte, elle a laissé pour tout testament la prière qu'on ne révélât pas son âge. Si bien qu'on crut qu'elle avait, au moins, cent ans.

Je jugeais ma mère ridicule, menteuse, stupidement coquette, mais maintenant je répugne aussi à dire mon âge. Non que je cache ma longue expérience ou mes petits-enfants, mais j'évite la précision du nombre des années. Le chiffre me fait l'effet d'un glaçon.

Fin janvier 84, le 23 exactement (je lis sur un carnet : Service de presse de *Brèves*), je dépose mon livre sur le palier de Marguerite, rue Saint-Benoît. Je ne souhaite pas qu'elle le feuillette devant moi, ni lui en parler avant qu'elle ne l'ait lu. J'attends qu'elle me téléphone. Sans appréhension. Je crois savoir au mot près ce qui pourrait lui déplaire et n'avoir franchi aucune limite. Il y en a d'ailleurs très peu dans le domaine durassien. Marguerite elle-même et Yann montrent le chemin de la liberté. (« La vérité a un charme que n'a pas le mensonge. ») De surcroît, l'écriture à la première personne est beaucoup plus pudique et surveillée qu'on ne l'imagine. Les lecteurs pensent y découvrir des confidences et des indiscrétions, mais le scripteur pèse prudemment son matériau. Les révélations personnelles se débusquent souvent davantage dans le flux des romans.

Les jours passent, trois, quatre, cinq, sans nouvelle de Marguerite. J'ai été naïve de me réjouir de sa confiance.

Elle ne peut que réprouver ce qu'elle-même n'a pas écrit, dirigé, contrôlé.

Mais non, le sixième jour, ou plutôt la nuit, vers minuit, à l'heure qu'elle affectionne, elle me téléphone :

« Eh bien, c'est ce que tu as écrit de meilleur. »

Soulagement, joie, sourire intérieur : « Ce que j'ai écrit de meilleur », c'est ce qu'elle m'avait déjà dit lorsque je lui avais envoyé une longue lettre après la projection de *L'Homme atlantique.* J'avais été voir le film à l'Action-République. Nous étions trois ou quatre personnes dans la salle, nous nous étions sentis aussitôt amis presque comme des membres de la même secte. J'avais déjà remarqué et retenu sa réaction à ma lettre.

« Alors, à chaque fois que j'écris sur toi, c'est ce que j'écris de meilleur. Je ne devrais plus faire que ça ! »

Elle ne relève pas ma plaisanterie, elle ajoute sérieusement :

« Oui, c'est bien. Tu as pris ta liberté, c'est une écriture qui court, qui court. »

Cette écriture qui court, qui court, je m'en souviendrai toujours. Marguerite me fait plaisir. Je n'écoute plus rien. Bientôt, c'est moi qui cours, qui cours à nouveau vers un pays lointain.

Quand je reviens de voyage, j'appelle mes enfants. Valérie me dit que Marguerite lui a téléphoné.

« C'était curieux, elle voulait savoir ton âge.

– Tu lui as dit ?

– Ben, je ne le savais pas. D'ailleurs, je ne le sais pas. »

Je ris en guise d'échappatoire. Toujours la même fuite devant l'aveu du nombre des années.

Dans le remue-ménage des retours, des articles à rendre, je tarde à reprendre des nouvelles de Marguerite.

Sa voix froide au téléphone, comme si elle répondait à une inconnue importune, m'alarme aussitôt. M'en veut-elle de ne pas lui avoir téléphoné plus tôt ? Que s'est-il passé ?

Elle ne répond pas. Son silence aussi m'inquiète. D'ordinaire, c'est elle qui assaille de questions. Je répète la mienne : « Il s'est passé quelque chose ? »

Elle prend encore son temps. Enfin, ex abrupto, elle me lance clairement :

« Tu as manqué de finesse.

– Ah. »

Je reste muette à mon tour. A quoi fait-elle allusion ? Comment ai-je manqué de finesse ?

« C'est ton livre.

– Tu m'as dit que c'était ce que j'avais écrit de meilleur.

– Eh bien, on peut changer d'avis ! »

Si sa voix n'était pas si sévère, je pourrais rire encore.

« Tu m'as fait des compliments, il y a deux mois. »

Mais elle ajoute de plus en plus grave :

« Tu as été indiscrète.

– Ah.

– Tu as dit mon âge. »

Son reproche me rassure.

« Mais enfin, Marguerite, ta date de naissance figure maintenant dans les livres de français, dans tous les dictionnaires...

– Tu n'avais pas à le dire. Tu devais me montrer ton texte.

– Tu n'as pas voulu le lire.

– Tu ne me l'as pas proposé. »

Là, sa mauvaise foi cache un grief plus grave. Elle poursuit :

« Tu t'es servie de moi pour vendre ton livre. »

J'ai honte de m'entendre répondre sur ce terrain mesquin où elle m'entraîne.

« Il n'y a qu'une vingtaine de pages sur toi dans mon livre qui en comporte plus de deux cents. »

Mais elle insiste :

« Tu as écrit mon nom en entier. Pour les autres, tu n'as mis que des initiales. »

Il n'y a plus de défense possible devant cette accusation. Si elle pense que je l'ai exploitée, je suis condamnée. Combien d'amis a-t-elle ainsi suspectés et décapités ? Son fantasme de l'exploitation, que dans la réalité sa mère a subie, la mène au pire d'elle-même, à des injustices dont personne ne pourrait lui faire prendre conscience.

Je suis impuissante à lui prouver qu'elle se trompe. Une lassitude me vient :

« Que veux-tu que je fasse ? Que je me couvre la tête de cendres ?

– Oh, ce n'est pas ton genre. »

J'entends qu'elle regrette que ce ne soit pas mon genre et cette pointe de déception m'amuse encore. Elle aura toujours le mot qui me fait rire. Je ne peux que raccrocher. Je marque dans mon carnet à la date du 11 avril : « Coup de téléphone écrasant de Marguerite. »

Pendant quelques jours, je m'éloigne. Je marche seule dans les rues de Paris sans soleil. C'est curieux comme la mort n'arrive pas le jour de la vraie mort. Sur le moment, la violence de la mort clinique nous laisse assommés. Plus tard, la douleur très vive de la disparition survient à l'improviste. On n'éprouve la conviction certaine de la mort que le jour où le chagrin devient supportable. Ce jour-là est peut-être celui de la vraie mort.

J'ai déjà vécu la souffrance de la mort de Marguerite quand elle était à l'Hôpital Américain. Aujourd'hui, je l'enterre. Elle sera déjà morte pour moi à l'instant final. On peut aussi être tué sans le savoir. Marguerite vient de me tuer, mais je peux vivre assassinée. J'ai tué, moi aussi, des personnes qui ne s'en doutent pas. J'ai tué ma tante, un soir, en prenant mon bain. Et d'anciens amis qui m'avaient trahie. Je leur laisse néanmoins une chance. Peut-être nous reverrons-nous. Avec Marguerite, le coup est définitif. Elle tire à bout portant. Elle ne revient jamais en arrière qu'en écrivant.

Nous ne nous retrouverons pas, je le sais sur-le-champ, mais elle ne peut pas me retirer ces trente années de plaisir auprès d'elle. Je me surprends souriante dans les rues, au milieu des souvenirs. C'est vrai, je ne me couvre pas la tête de cendres. Elle me connaît bien, elle m'a vue plonger et remonter tout au long de ma vie, elle sait que je n'ai plus la force de pleurer. Je me console comme je peux, même parfois avec des arguments sordides. Je compte les amis qu'elle a exclus de son intimité, de son affection. Je souris à l'idée des parties de ping-pong au début de son installation à Neauphle. Avec Mascolo, Morin et les autres, quand l'un d'eux perdait la partie, les autres s'écriaient : « Exclu. » Le terme leur restait du PC, Marguerite avait aussi gardé la manière. Je me félicite d'avoir « tenu » si longtemps. J'aurai « tenu » presque jusqu'à la fin.

J'évite peut-être aujourd'hui d'autres souffrances. Je n'aurai pas à subir de près, à nouveau, les moments de l'extrême inquiétude. Le cynisme sert de défense. Je peux être comme elle, sentimentale et cynique. Je me console à tout prix. Je compte le temps qui lui reste à vivre et qui me paraît court. Je mesure la perte de sa présence. Elle m'aurait dit : seul ce qui est perdu demeure éternel. Et là, dans les rues, physiquement cet axiome se vérifie. Plus je marche, plus j'ai l'impression de ne pas l'avoir perdue. Elle peut disparaître, mourir même, je ne la perdrai jamais.

Je recherche parmi mes *Brèves* celle dont je ne me rappelle pas et qui a trait à son âge :

« Elle a presque soixante-dix ans ; Yann, pas la trentaine.

Elle me disait : “ Curieux que tu te préoccupes de

l'âge. Moi, je n'y ai jamais pensé. L'âge ne compte pas. " »

En relisant, je comprends son reproche, même si je ne partage pas son point de vue. Pour moi, l'âge compte beaucoup. Je crois même que l'on ne sait rien d'une personne, rien de profond, si l'on ne sait pas quand elle est née.

Mais cette insistance sur la différence de leurs âges, pire que de préciser le sien seul, ce propos de gazettes à potins, cette vulgarité-là, je n'y ai pas échappé.

On devrait savoir l'âge des gens, mais ne pas l'exposer. J'aurais dû faire attention puisque moi-même je répugne à chiffrer les années. Cependant, il me semble que ce « manque de finesse » n'est qu'un prétexte et que Marguerite se fâche pour une autre raison. Pour quelle autre raison ?

Pendant les vacances de Pâques, un après-midi, Yann descend la sente du Vieux-Moulin. Comme l'été dernier, mais il n'est plus déprimé. Au contraire, il paraît survolté, dans une phase d'optimisme universel. Il me conseille de ne pas me soucier de l'accusation de Marguerite.

« Votre brouille ne durera pas. Pas plus que ça, le temps de... »

Il ne trouve pas le temps de quoi. Il sait que Marguerite ne pardonne pas. Il parle avec nervosité.

« Ça se tassera. Elle oubliera.

– Mais non, Yann, tu la connais. Avec elle, rien ne s'arrange.

– C'est vrai, mais elle regrette après.

– Après, c'est trop tard.

– C'est ce qui lui fait peur. Elle est étonnée par sa propre dureté. Elle dit qu'elle ne sait plus ce qu'elle a fait. Sa propre conduite lui fait peur. Elle a peur de devenir folle. »

Et comme l'année dernière, Yann recommence à me parler d'elle, de lui et d'elle, à se plaindre d'elle, à l'adorer. J'écoute un possédé :

« Elle est plus jeune que moi. Elle fonce, elle s'en fout. Elle ne préserve rien. Moi je suis frileux. Je n'ai ni vérité, ni ancrage. Je ne peux plus me passer d'elle. C'est comme une drogue. C'est confortable. Je vis en retrait. J'en suis au point de ne plus rien lire si ce n'est pas recommandé par elle. Je ne vais plus au cinéma puisqu'il y a *India Song*. Je ne fais pas son procès : elle remplit une fonction défaillante. Si je ne lis pas, si je ne fais rien, c'est que je me trouve bien dans cette situation. Sauf parfois, quand c'est trop intense, j'ai envie d'une conversation banale, changer de registre. Que la passion se relâche. J'ai besoin de décrocher, mais elle ne décroche jamais. Je suis son objet principal, l'objet de tous ses soins. Personne ne m'a aimé comme ça. Elle ne me tue pas parce qu'elle en écrit, de cette passion-là. Je lui permets d'alimenter sa fiction. Je ne suis plus moi, Yann, mais elle me fait exister à la puissance cent. C'est beaucoup plus passionnant d'être une fiction que d'être simplement là, en train de fumer une cigarette. »

De ce discours de Yann, je retiens des phrases que je note après sa visite, parce que aucun homme ne m'a parlé de ses sentiments avec tant de franchise et de lucidité. De plus en plus, comme Marguerite, je regrette que les mots se perdent. Je note même ceux de mon petit-fils.

Ce jour-là, l'excitation entraîne Yann à oublier qu'il est venu pour me consoler. Il se fait lui-même pleurer.

« La différence d'âge ne me gêne que parce que, vraisemblablement, elle va mourir avant moi. Je ne peux pas imaginer qu'elle meure. J'ai l'impression que je vis avec elle depuis des siècles. Comme je ne peux pas imaginer la fin, je vis avec elle, sur le mode de l'éternité. J'aime penser à elle en me réveillant. Elle est tellement adorable. Je ne peux avoir envie que de l'embrasser ou de la tuer. Elle appelle cette violence, elle m'y pousse contre mon tempérament. Elle rit : “ Oui, je suis infernale. ” »

Et Yann rit d'une manière un peu trop saccadée.

« C'est extraordinaire, elle peut me faire dire que les olives vertes sont noires. Elle l'affirme tellement que je finis par céder : oui, les olives sont noires. J'entre dans son imaginaire sinon, je suis coupé d'elle. Si je dis : les olives sont vertes, c'est la séparation, la douleur pour elle et pour moi. »

Je laisse Yann se calmer. Il retombe doucement dans le jardin, il revient à son but premier : me rassurer. Il me rapporte que Marguerite a lu et relu mes *Brèves* avec une attention qui l'a lui-même surpris : « Elle ne quittait pas ton livre. » Pendant une quinzaine de jours, elle le tenait toujours à portée de la main.

« Sais-tu pourquoi elle a changé d'avis ?

– Elle ne m'a fait part d'aucune réserve. Tu aurais peut-être dû attendre qu'elle t'appelle... »

Il n'en dit pas davantage. Il s'enfuit comme il est venu en riant exagérément.

Dans l'interview qu'il donnera, quelques jours après la mort de Marguerite, à un journaliste de *Libération,* Yann ne garde pas davantage sa vie secrète. Cette confession publique et précipitée m'étonne. Je rencontre Yann, le lendemain.

« Tu connaissais ce journaliste ?

– Non, pas du tout. Il m'a donné rendez-vous au Lutétia.

– Pourquoi y as-tu été ?

– Comme ça, par curiosité. Il était sympathique au téléphone.

– Son article ne te gêne pas ?

– Non, c'est bien, c'est vrai, c'est ce que je lui ai dit. »

Yann, presque transparent, plane au-dessus des petitesses. A ce journaliste, il confie que les gens l'ennuient, qu'il va s'ennuyer sans elle.

Avant de mourir, Marguerite l'a prévenu.

« Il ne vous restera plus que ça à faire, écrire sur moi. »

J'apprends en juillet, que Marguerite a écrit un nouveau livre. Pincement au cœur de ne pas en être informée par elle. Combien de mois depuis notre brouille ? Cinq, six. Elle a écrit vite. Bien plus vite que tous ses autres livres. Cette rapidité ne lui ressemble pas. A moins que ce ne soit un texte court, quelques pages comme *L'Homme assis dans le couloir.* On m'assure qu'au contraire, il s'agit d'un assez long récit autobiographique. On en dit grand bien. Même un critique, qui n'apprécie pas tellement son œuvre, admire ce dernier livre : « C'est épatant, dit-il. Du Duras presque dépouillé ! »

Ai-je reçu *L'Amant* ou l'ai-je acheté ? Par la suite, jusqu'à la fin, j'ai reçu ses livres. Celui-là, je ne sais plus.

J'en commence la lecture. Dès la première phrase, cet aveu : « Un jour, j'étais âgée déjà... » Elle qui nie l'importance de l'âge, elle qui n'y avait jamais pensé, elle qui n'y pensait pas, pourquoi expose-t-elle ainsi le constat détaillé de son vieillissement ? Lui aurais-je porté moi-même ce coup si cruel qu'elle ne pourrait le surmonter, comme toujours, qu'en écrivant. Le premier paragraphe se termine sur son visage « maintenant dévasté ». Et si jusque-là, elle s'était caché son visage ? Elle réagirait à sa manière : exagérer, creuser, donner à voir. Ce visage détruit, lacéré de rides sèches et profondes, cette peau cassée, elle les met en avant. Voilà, c'est écrit, elle peut passer à autre chose. Elle ne s'attarde pas. A la troisième page, elle a de nouveau quinze ans et demi : « C'est un passage d'un bac sur le Mékong. » On la suit à toute allure dans le quartier chinois. On ne la quitte pas. On la retrouve à la fin du livre, charmé, étourdi. La chaleur, le désir souverain, l'insolence, tout Marguerite est là. « On ne change pas », dit-elle.

Je la préfère plus subtile, plus inventive dans sa trilogie indienne, mais je me réjouis qu'elle soit enfin consacrée comme un écrivain facile à lire. Grâce à *L'Amant,* le public remontera près du *Barrage,* rencontrera Lol et le Vice-Consul, les grandes lectures.

Ce début de *L'Amant* me hante. Son âge si présent soudain, l'a-t-elle vraiment découvert en le voyant imprimé dans mon livre ? Pouvoir sorcier des mots imprimés. Je me souviens avoir écrit, dans un article, qu'un homme officiellement divorcé depuis six mois, était divorcé. Cet homme détestait l'idée de son divorce qu'il avait refusé. En lisant l'article, il a compris qu'il était divorcé. Il s'est fâché avec moi. Comme si j'avais dévoilé un secret. En fait, c'était un secret pour lui-même, une ignorance qu'il voulait préserver. Marguerite voulait aussi probablement garder l'ignorance de son âge. Oui, j'ai manqué de finesse : je ne la croyais pas si jeune.

L'excommunication me paraît toutefois une sanction disproportionnée. Outa, rencontré dans un théâtre, un soir, me fait un signe gentil. Il s'approche : « Je voulais te remercier d'avoir sauvé ma mère. » Outa exagère, mais merci Outa.

Comme je voyage souvent, c'est encore en rentrant de l'étranger, un matin à Roissy, que j'apprends avec stupéfaction que Marguerite sera le soir même l'invitée de Bernard Pivot à « Apostrophes ». Elle qui vitupérait contre les écrivains capables de se prostituer à la télévision pour vendre leurs livres, elle qui me retenait d'y aller, ce revirement, je n'en devine pas la cause. *L'Amant* se vend déjà par milliers d'exemplaires. Mais elle me l'a dit : on peut changer d'avis.

On me rapporte en riant qu'elle explique sa présence, ce soir, à la télévision : « Je serai exceptionnellement seule avec Pivot. Ce ne sera pas " Apostrophes ", ce sera une émission sur moi. » Elle dit aussi qu'elle a accepté parce qu'elle trouve Bernard Pivot très sympathique.

Sur le plateau, elle veut s'asseoir derrière une table comme chez elle. Pour les téléspectateurs, elle est tout de suite déconcertante. Ne serait-ce que par ses silences. Elle ose se taire. Elle ose tout d'ailleurs.

Elle me paraît moins incongrue qu'à l'ordinaire, mais même en moins, elle est encore en plus et elle fascine ceux qui la découvrent sur le petit écran, ceux qui entendent pour la première fois sa voix, son rire.

Je n'ai pas revu l'émission et je l'évoque douze ans plus tard, mais j'ai encore dans l'oreille cette phrase qu'elle dit à Pivot quand il l'interroge sur le style de *L'Amant* : « C'est une écriture qui court, qui court. »

Je suis frappée par cette phrase, celle-la même qu'elle m'a dite après sa lecture de mes *Brèves.* Elle dit encore à Pivot : « L'écriture courante que je cherchais depuis longtemps, je l'ai trouvée. » Elle parle de l'écriture qui vole sur la crête des mots.

Pivot remarque que c'est son premier livre autobiographique. Je sais maintenant qu'elle l'a commencé dans la foulée de sa lecture des notes que j'ai écrites sur elle et sur ma vie, et après qu'Outa lui eut demandé de « légender » les photos qu'il compte rassembler dans un album qui retracerait toute son existence.

De là à imaginer qu'elle ait pensé être volée de sa vie, il n'y a qu'un pas minuscule à franchir. Il me paraît évident que Marguerite découvre à ce moment-là qu'elle est devenue un personnage légendaire et décide qu'elle ne laissera personne « exploiter » sa légende. Elle l'écrira elle-même. Elle s'y met : « Un jour, j'étais âgée déjà... »

Personne, sauf Yann, ne l'observera plus de près. Surtout pas quelqu'un qui pourrait écrire. Une autre de ses phrases me revient : « Je ne comprends pas que tu me supportes. Un écrivain ne supporte pas un autre écrivain. »

Elle me signifiait que je n'étais pas un écrivain puisque je la supportais. Aujourd'hui, me considère-t-elle comme un écrivain puisqu'elle ne me supporte plus ? Mon élimination serait flatteuse. Je crois seulement qu'elle vient de s'apercevoir que je suis quelqu'un qui sait trop bien la regarder. Elle ne m'en donnera plus l'opportunité.

Son silence, désormais. Elle me manque. Ou plutôt son génie me manque. Son avis. Ce qu'elle aurait dit d'énorme à propos de la Bosnie ou de la pédophilie. Mais elle n'a pas d'avis, elle a des visions. C'est la visionnaire qui est irremplaçable. L'amie, je peux l'aimer encore et comme elle est visionnaire, elle le sait et elle m'aime aussi. De loin, l'amitié persiste. Ce qui fut demeure inaltéré.

Pour moi, Marguerite est partie dans un autre pays. De ce nouveau pays, la gloire, elle m'envoie des signes : chacun de ses livres comme un message personnel où je la retrouve. Je n'ai pas besoin de l'approcher pour la connaître mieux que la foule de ses nouveaux admirateurs. De toute façon, nous nous serions séparées, elle et moi, dans cette agitation.

Que notre brouille intervienne au moment de son plus grand succès, je n'en suis pas étonnée. Dès que la gloire s'annonce, je disparais. Non que je le veuille, je m'écarte presque à mon insu. Ou je suis écartée. Je ne fuis pas volontairement mes proches ou mes amis lorsqu'ils deviennent célèbres – il y en eut beaucoup dont le talent fut reconnu –, mais une coupure d'abord superficielle se produit, qui s'infecte au cours des années. Il doit y avoir dans mon regard une lueur de dérision inappropriée. Pourtant, je n'ai pas horreur de la gloire.

Elle parle dans tous les micros, elle se place sous tous les projecteurs, je pense qu'elle se banalise, mais là, je me trompe, je ne fais plus le correctif nécessaire, Marguerite reste la plus rusée.

Elle se met une casquette, elle enlève ses lunettes. Elle donne plus d'interviews en quelques années que dans toute sa vie. Les archives en débordent. Ultime facétie. Dupe, pas dupe ? Elle admire son image à la une et ses portraits, même les plus marqués par l'âge. Elle se moque des jugements péjoratifs. Maintenant, l'âge est dépassé, elle atteint une autre beauté. L'altière solitude, elle en a soupé. C'est quand même plus distrayant de se prendre pour une vedette que de s'engloutir dans la vieillesse.

Quand on l'attaque, je la défends. Dans ses excès, j'aperçois presque toujours une lueur, une vérité qui se faufile. Elle n'a pas de preuves, pas de critères, mais elle a des intuitions. Un jour, c'est sûr, je raconterai tout ça. Sa légende lui échappera, elle ne pourra pas l'empêcher. Son impuissance posthume l'exaspère déjà. Ne plus pouvoir rien dominer ni contrôler enrage les natures despotiques. Elle fait courir le bruit que je suis méchante. Première nouvelle après trente ans. « Méchant », ce mot d'enfant, ce mot de cour d'école. Il y a finalement très peu de gens méchants. On dit aussi parfois qu'elle l'est. Cela me paraît tout aussi faux. Marguerite n'est pas méchante, elle lance des pavés dans la mare. Elle ne supporte pas l'harmonie. Que surtout aucun lac ne donne l'illusion du bonheur. Une fois, pour toutes le monde est raté. Et l'amour et l'amitié. De temps en temps, il faut qu'elle le fasse savoir.

Douze années, jusqu'à sa mort, elle me ferme sa porte. Elle ne l'entrouvre même pas pour recevoir mon petit-fils. Je souhaiterais qu'Antoine se souvienne d'avoir rencontré la magicienne qui a salué sa naissance par un poème. Elle ne répond pas à ma lettre.

Je devrais lui téléphoner, la nuit. La surprendre par mon audace, la provoquer sans respect. Je pourrais encore la faire rire. Je ne le fais pas. L'éloignement, finalement, me convient : c'est une place à part. Une place de choix, un poste d'observation dont j'ai l'habitude. Et si elle m'avait fermé sa porte pour que j'écrive... si elle m'avait donné tout ce temps pour réfléchir, pour m'accoutumer doucement à sa disparition... Non, elle n'est pas une dame d'œuvres qui se soucie de mon bien. Je la gêne, c'est tout, elle ne calcule pas.

Elle calcule si peu qu'elle ne m'éloigne pas tout à fait. Elle voudrait que je lise tel livre, que je voie telle pièce, tel film. Alors, Yann me téléphone : « Tu devrais aller à la Cartoucherie. Appelle Didier Bezace de sa part. C'est un metteur en scène qui lui plaît... » Un jour, Yann, joyeux, me dit : « Ça y est, elle veut dîner avec toi. Claude Berri, le producteur de *L'Amant* lui a ouvert un compte dans un grand restaurant. Elle veut t'inviter chez Le Duc. »

Quelque temps plus tard, Yann désolé : « Je n'aurais pas dû t'annoncer son invitation à l'avance. Elle a changé d'avis. »

Qu'elle change d'avis n'a plus aucune importance. Je ne réagis plus qu'en riant à ses retournements. Je découvre que n'importe quoi, venant d'elle, ne peut plus entamer mon affection. Marguerite se prend en bloc ou pas du tout. Elle n'est pas une amie comme les autres, elle éclaire ma vie comme un phare qui émet ses lumières en dépit des tempêtes.

En 86, le phare pourrait s'éteindre. Marguerite, à nouveau sur le point de mourir, passe des mois dans un coma profond. J'arpente la campagne sans elle, les cimetières où nous allions ensemble. Elle m'a laissé, un jour, quelque chose comme un testament. Elle disait que lorsqu'un écrivain meurt, seul son corps s'en va, car il a déjà donné sa vie, petit à petit, dans chacun de ses livres.

Et moi, petit à petit, je poursuis mon deuil.

En 89, elle me téléphone. Ma belle-fille, Valérie, s'est tuée dans un accident de voitures. Elle me demande des nouvelles de ses enfants. Je demeure elliptique, bizarrement peu encline à lui répondre. Je suspecte son goût du drame. Je pourrais en profiter pour tenter de l'attendrir. Au contraire, alors qu'elle parle volontiers si longuement au téléphone, j'abrège la communication.

Je ne suis pas émue d'avoir entendu sa voix, plutôt contente d'avoir repris une initiative. Au fond, je lui suis reconnaissante d'avoir mis cette distance entre nous qui m'oblige à plus d'indépendance.

En 91, je vais au Vietnam, mais aussi curieuse des vestiges de la guerre d'Indochine que des lieux de son enfance. Je ne favorise pas la nostalgie. Je cherche à revivre après la mort de Valérie. Je vais à Sadec, à Vinh-Long, je passe une nuit sur un balcon, au bord du Mékong, à écouter les bruissements dans les jonques, à capter les va-et-vient entre les bateaux, cette animation de fourmis, mais Jean-Jacques Annaud qui tourne le film tiré de *L'Amant* a fait repeindre en bleu vif « la grande villa étagée en terrasses, entourée de balustrades ». Bleu vif, rutilante, la maison aux céramiques. Et il organise sur le fleuve une joute nautique dans le style du Carnaval de Venise. Il y a bien un Vice-Consul caparaçonné dans sa guérite qui tire sur les femmes à l'horizon et des tennis déserts que j'aimerais lui décrire, mais tout ce qui pourrait ressembler à ses fictions, Marguerite estime que c'est du vol.

Je ne connais pas davantage Marguerite parce que j'ai parcouru le Vietnam. Elle a écrit mieux que je ne pouvais voir. Je n'apprends rien non plus par les anecdotes que j'entends à son sujet. J'évite les souvenirs des personnes qui l'évoquent. Je ne veux que les miens patinés par les années et désormais indélébiles.

Je ne sais pas plus que ses lecteurs si ce qu'elle a écrit est vraiment vrai, un peu vrai ou vraiment faux. Le sait-elle elle-même ? Quand on écrit, on finit par croire à ce qui est écrit plus qu'à ce que l'on vit. A-t-elle vraiment couché avec son frère ? Avec lequel, d'ailleurs ? Pierre, le vilain, le séducteur ou Paul, le gentil, le battu ? De l'hôpital, délirante, elle m'annonce au téléphone que son frère est réellement mort : « Tu sais, le petit Joseph. »

En tout cas : « Il s'agit d'un amour qui ne se terminera jamais, qui ne connaîtra aucune résolution, qui n'est pas vécu, qui est invivable, qui est maudit et qui se tient dans la sécurisation de sa malédiction. »

Je ne l'interroge pas. Pierre ou Paul ? Un pur fantasme ? Je crois tout ce qu'elle dit. Peu importe. De cet amour incestueux, seul l'écrit fait foi.

« Tout ce qui est écrit est réel. Il n'y a rien de vrai dans le réel. »

De même pour cet amant « mondial ». Fut-il *réellement* riche et chinois ? Est-il revenu la voir ? A-t-il seulement existé ? Je n'en sais rien. Aucune amicale confidence ne remplace l'œuvre.

« L'histoire de ma vie n'existe pas. Tout est logique dans ce que j'écris et pourtant tout est faux. »

Tout au long de nos années communes, Marguerite ne me précise aucun fait. Ou bien elle en donne plusieurs versions. Même sur les noms de lieux, le village où sa mère s'est retirée, celui de la naissance de son père, elle reste évasive. Jamais ne me vient l'idée de la questionner. Le problème du vrai ou du faux concerne les biographes ou les candidats aux examens de lettres, pas les écrivains qui vivent dans le domaine incertain de l'esprit et de la fiction. A propos de *L'Espèce humaine,* le livre de son ex-mari, Robert Antelme, qui relate son expérience de la déportation, elle dit : « Il a écrit un livre sur ce qu'il croit avoir vécu en Allemagne. » Ce « croit avoir vécu » intrigue les tenants de la vérité historique, et même les indispose, mais pour Marguerite, sans ce mystérieux écart entre l'écriture et la vie, il n'y a pas d'écrivain.

Tout vrai livre pour elle, même un récit autobiographique, doit naître de l'obscurité, d'une mémoire purifiée qui n'est plus qu'une sorte de brouillard, une mémoire de la mémoire qui favorise les ombres et les doutes. On doit pouvoir y croire ou pas.

J'ai encore trop de mémoire, je le sens. Mais dans les creux de ses silences, j'improvise. J'invente même des histoires folles : qu'en fait le Chinois fut l'amant de sa mère et elle, la fille métisse de cette union secrète. Sa mère ne fut pas qu'une institutrice combative. Quand on meurt comme cette femme, entourée de six cents poussins, de quarante mètres carrés de poussins autour de son lit et de moutons, c'est que l'on a pour le moins une nature fantasque, capable d'avoir un amant.

Et si Marguerite tenait de l'adultère ce visage asiatique qui se mue lentement, à la fin de sa vie, en celui d'une impératrice mandarine. Mais je m'amuse, je galège, les livres de Marguerite incitent aussi à cela : aux cocasseries, au romanesque de gare. On trouve tout dans ses livres, le pur et l'impur, le populaire et le sophistiqué, comme dans sa vie : la même abondance qui masque le vide ou l'appelle.

A la fin, elle fait feu de tout bois. Même la gorge trouée, elle se fait entendre, mais là, je m'attriste. Je ne reconnais plus ni la voix ni la personne. L'amie s'est enfuie, la gloire me l'a prise. Je me rappelle seulement que je l'ai aimée autrefois. Elle n'était « star » que pour quelques-uns, elle chantait encore. Dans la splendeur de sa gorge. Maintenant qu'elle éructe, on l'écoute à genoux. De sa voix navrante, elle délivre ses enseignements et tout disciple est bienvenu.

Yann, son très fidèle, me dit :

« Tu as tort, elle se voit partir. Elle souffre. Ne plus être *là,* est intolérable pour elle.

– Son ironie l'a quittée.

– Tu ne la comprends plus. »

Peut-être... Je préfère penser qu'elle est morte. Je l'ai déjà enterrée souvent. Des mois s'écoulent. Je suis habituée à ce qu'elle ne soit plus.

On peut toujours aimer l'œuvre d'un écrivain disparu. En 96, au Théâtre Montparnasse, Élisabeth Depardieu, Aurore Clément et Jacques Spiesser jouent *Des Eaux et Forêts* et *La Shaga.* Pour mon anniversaire, en février, je loue dix places pour dix amis. Après le spectacle, nous faisons la fête. Yann vient. Il m'a envoyé un bouquet de fleurs, merveilleux. Il reste discret sur la santé de Marguerite, il ne supporte pas qu'elle soit amoindrie. Il dit qu'elle a encore avec lui des moments où il la retrouve « comme avant », mais il ne veut pas qu'on la voie dans cet état. Il condamne, sauf pour Outa, la porte de la rue Saint-Benoît.

Comme nous venons d'entendre au théâtre son humour d'autrefois, Marguerite ressurgit au centre de la fête et nous sommes tous si heureux, ce soir-là, que nous décidons de nous réunir encore.

Un dimanche, après la représentation, Yann, Élisabeth et Aurore viendront dîner à la maison. Nous fixons la date : le 3 mars.

Il se trouve que ce dimanche-là, le 3 mars 1996 après la représentation, les comédiens devront annoncer la mort de Marguerite.

Je croyais qu'elle était déjà morte, mais c'est encore autre chose, une autre mort qui se présente.

Une bonne partie de la nuit sans Yann, mais avec Élisabeth et Aurore, nous la faisons revivre. Quand on commence à faire revenir ceux qui sont partis, le passé pèse comme le chagrin. Nous parlons d'elle au passé. Nous rions aussi. On ne peut pas évoquer Marguerite sans rire, sans rejoindre cette drôlerie de la douleur qui l'aidait, comme l'alcool, à supporter la vie.

Se joint à nous la jolie Tatiana qui a mis en scène le spectacle du Théâtre Montparnasse et qui vit avec Bruno, l'opérateur charmant des premiers films. Sa propension à l'amour, à l'amitié. Cette nuit, un groupe de ses amis se reforme comme à Neauphle et presque par hasard, après douze ans de disgrâce, j'en fais à nouveau partie.

Nous sommes-nous jamais quittées ? Maintenant, peut-être. Alors, je vais écrire contre sa perte. Au moins, sur le papier, elle ne sera pas morte. Comme elle l'a dit : « L'écriture traverse tout. »

Je n'ai pas l'intention d'aller à ses obsèques. Je dépose une lettre pour Yann et pour Outa, dans sa boîte aux lettres, rue Saint-Benoît. Je n'ose même pas monter jusqu'à l'appartement.

Marguerite vivante ne me souhaitait plus près d'elle, je respecte son vœu.

A Mareil-le-Guyon, j'aurais pu la retrouver. Mais pas à Saint-Germain-des-Prés, pas dans une église. A part à Jumièges en ruine, je n'ai jamais vu, même à Rome, Marguerite visiter une église.

Du baptême d'Antoine elle avait dit : « Pourquoi pas ? Un rite propitiatoire... » Mais pour aller au ciel... Je suppose que c'est Yann qui veut la voir là-haut. Yann qui imagine des funérailles grandioses. Une foule immense derrière le cercueil. Comme pour Victor-Hugo.

Outa timidement proteste : « Ma mère n'aurait pas voulu ça », mais que sait-on, chacun, de nos ultimes errements.

Mon amie Violetta me dit que, dans le Nordeste brésilien, tous ceux qui ont approché le défunt, ne serait-ce qu'un court instant, doivent se réunir près de sa tombe, pour reconstituer son être entier.

« Même si tu ne représentes qu'un minuscule morceau de sa vie, ta présence est nécessaire. J'irai avec toi. »

Nous arrivons à l'avance. L'église est déjà pleine. Nous nous apprêtons à nous glisser sur le côté, mais deux jeunes gens que je ne reconnais pas dans la pénombre viennent me chercher : « Tu as ta place réservée, devant, avec la famille ».

Et soudain, les larmes. Enfin, j'appartiens à une famille et c'est la sienne. Je reconnais Jean-Marc et Jeanne et derrière eux, je marche vers le chœur de l'église. Cette fois, ma tête se couvre de cendres comme si douze années ne s'étaient pas écoulées. Je n'avais pas pleuré, il y a douze ans. J'ai appris, jeune, à résister aux chagrins, mais le bonheur me prend au dépourvu. Ce service qui pour tous, ici, célèbre un adieu, m'apporte à moi un bonjour et je pleure le bonheur des retrouvailles.

Yann et Outa s'avancent derrière le cercueil, deux jeunes hommes comme deux petits pages. Les pages d'un livre. Elle avait écrit cette terrible phrase :

« Pour des raisons diverses, la honte recouvre toute ma vie. »

Toute petite Marguerite, je pleure aussi sa douleur. Je l'entends : « La douleur se propose comme une solution à la douleur, comme un deuxième amour. »

Tant de honte. Qui pourrait prononcer à son encontre un constat si impitoyable ? Peut-être cet autre ami défunt, Alain Cuny, resté presque seul le jour de son adieu. Pas de ministre et presque pas de comédiens à l'église Saint-Roch pour l'immense Alain, mais les grondements de « Tête d'or » contre les piliers.

Je ne raffole pas, comme certains, des enterrements, mais j'arrive à un âge où je peux les comparer. Celui de Marguerite fut le plus bref, le plus chaotique sous un bombardement de giboulées de mars qui s'abattit dans la fosse boueuse.

Je repartis aussitôt pour Neauphle et rôdai autour de sa maison qui s'écroule. Depuis des années, je lui envoyais des photos qui lui montraient les travaux à faire, les toits épuisés, les feuillages à tailler. Rarement, elle en tenait compte. Le plus souvent, elle laissait se dégrader les volets, les peintures. Elle ordonnait à Outa de ne toucher à rien et Outa respectait les toiles d'araignées, les bouquets fanés. Pas même une prise électrique ne pouvait être renouvelée. Marguerite encore une fois VOYAIT au-delà : le moindre coup de pinceau aurait chassé l'esprit des lieux.

Aujourd'hui, la maison miraculeuse n'appartient plus qu'au temps. Mieux qu'un musée, mieux qu'une demeure d'écrivain, Marguerite en a fait le château de la Belle au Bois dormant. Quand on y pénètre, on recule dans les siècles des siècles. Ou bien dans un monde enchanté, sans repère, légendaire comme elle. Outa y ajoute un cactus après l'autre, en écoutant Mozart.

Yann a élégamment disparu. Il me plaisait de l'imaginer au couvent ou au bordel, mais je crois qu'il s'enferme ailleurs. Dans le livre que j'espère, il écrit et non dans l'alcool désespérant.

Quand ce récit était presque terminé, une tristesse m'a saisie. C'était comme dire enfin adieu à Marguerite. Alors, j'ai prolongé encore un peu notre route commune. Je me suis fait voler par inadvertance une partie du manuscrit. J'ai été obligée de l'écrire à nouveau. Je me demandais pourquoi tout ce travail que peut-être elle n'aurait pas voulu, mais je me répondais comme dans le dialogue final de *Yes peut-être* :

« Pour les enfants, plus tard. »

Neauphle-le-Château, 1996

Du même auteur

Romans et récits

UN BEAU MARIAGE
Grasset, 1962
LA NUIT SERA NOIRE ET BLANCHE
Gallimard, 1968
GRAND REPORTAGE
Le Seuil, 1980
POURQUOI PAS VENISE
Le Seuil, 1981
ANONYMUS
Le Seuil, 1982
BRÈVES : JOURNAL
Le Seuil, 1984
LE VOYAGE EN AFRIQUE
DE LARA SIMPSON
Le Seuil, 1985
LE FILS DE MON FILS
Albin Michel, 1994
LA VIE VIOLENTE
Albin Michel, 1994

Enquêtes et reportages

CE N'EST QU'UN DÉBUT
(avec Philippe Labro)
Jean-Claude Lattès, 1968
LES POLICIERS PARLENT
Le Seuil, 1969
LES PROFESSEURS, POUR QUOI FAIRE ?
(avec Madeleine Chapsal)
Le Seuil, 1970
LES MAOS EN FRANCE
(Préface de Jean-Paul Sartre)
Gallimard, 1972
COURS CAMARADE, LE PCF EST
DERRIÈRE TOI
(avec Jacques Donzelot)
Gallimard, 1973
LES FEMMES DE GENNEVILLIERS
Mercure de France, 1974
LES FEMMES DU MOZAMBIQUE
Mercure de France, 1975
ÉLOGE DE L'INSOMNIE
Hachette, 1985
LA ZONE DES TEMPÊTES
Autrement, 1986
LES LARMES DES HOMMES,
Albin Michel, 1996

Cet ouvrage a été composé et achevé
d'imprimer sur Roto-Page
par l'Imprimerie Floch à Mayenne,
pour les Éditions Albin Michel
en février 1997.

N° d'édition : 16276. N° d'impression : 40890.
Dépôt légal : février 1997.

Imprimé en France